基于视觉识别的智慧交通系统构建

左治江　著

西北工業大學出版社
西安

【内容简介】 本书主要从技术应用角度出发，重点对智能交通领域中的车辆检测、目标识别、预警系统、停车系统等进行了讨论与分析。

本书共分为6个章节。第1章主要对智能交通的研究现状进行了探讨与分析；第2章主要提出了智慧交通的整体构成，主要包括交通流信息采集、道路异物识别、智能红绿灯在线配时、应急车辆控制、非机动车及行人管理系统以及路侧分时停车管理。第3章主要对遥感图像技术进行了介绍，然后针对于现有技术的不足，以一种端到端的方式利用生成对抗网络，实现遥感图像的超分辨和车辆检测；第4章主要针对用于遥感图像检测技术中的 Faster R-CNN 算法，并对其进行优化改进；第5章主要对城市交通智能停车系统进行了探讨，通过对城市限时区域功能分类，分别建立相应的最优车辆停留时间模型，完成模型的构建；第6章主要对是无人驾驶和视频监控领域中的道路目标的识别与定位问题进行了探讨，提出一种端到端卷积神经网络车辆检测模型；第7章主要探讨了危险坡边智能监测技术，以光电技术、计算机软件技术、信息处理技术、控制技术和通讯技术，构建了由1个监控中心、1个现场监控中心和4个功能模块组成的危险边坡路段的智能监测及预报警综合系统。

本书可供智能交通的工程技术人员阅读参考。

图书在版编目(CIP)数据

基于视觉识别的智慧交通系统构建/左治江著. —西安：西北工业大学出版社，2022.4

ISBN 978-7-5612-8426-1

Ⅰ. ①基… Ⅱ. ①左… Ⅲ. ①计算机视觉-应用-交通运输管理-智能系统-研究 Ⅳ. ①U495

中国版本图书馆 CIP 数据核字(2022)第174754号

JIYU SHIJUE SHIBIE DE ZHIHUI JIAOTONG XITONG GOUJIAN

基于视觉识别的智慧交通系统构建

左治江 著

责任编辑：张　潼　　**策划编辑**：杨　军

责任校对：隋秀娟　马　丹　　**装帧设计**：李　飞

出版发行：西北工业大学出版社

通信地址：西安市友谊西路127号　　邮编：710072

电　　话：(029)88493844　88491757

网　　址：www.nwpup.com

印 刷 者：西安真色彩设计印务有限公司

开　　本：710 mm×1 000 mm　1/16

印　　张：5.375

字　　数：83千字

版　　次：2022年4月第1版　2022年4月第1次印刷

书　　号：ISBN 978-7-5612-8426-1

定　　价：39.00元

前　言

城市交通拥堵的本质是城市交通供求的不平衡，即交通供给滞后于交通需求。因此，缓解城市交通拥堵，一方面是要通过道路及基础设施的建设来增强交通供给能力，另一方面要采取有效措施合理调控交通需求。从供给的角度来看，由于城市道路网的建设受城市规划、城市规模、土地利用以及财力、物力等诸多因素的限制，不可能无限扩张，因而单靠改善道路系统是不足以解决交通拥堵问题的；从需求的角度来看，目前尚不宜采取有力措施限制小汽车的购买和使用。因此，如何科学组织道路交通，充分发挥现有路网的通行效能，显得尤为重要。

多年来，国家和政府高度重视交通行业的发展。2000 年，科技部会同国家计委、经贸委、公安部、交通部、铁道部、建设部和信息产业部等部委相关部门，专门成立了全国智慧交通系统协调指导小组及办公室，组织研究中国智能运输系统的发展；《信息产业科技发展"十一五"规划和 2020 年中长期规划纲要》将"智慧交通系统"确定为重点发展项目；《交通运输"十二五"发展规划》中提出："十二五"时期要推进交通信息化建设，大力发展智慧交通，提升交通运输的现代化水平；在国家八部委起草的《关于促进智慧城市健康发展的指导意见》中，智慧交通被列为十大领域智慧工程建设之一；2014 年交通运输部部长在全国交通运输工作会议中所做的报告《深化改革务实创新 加快推进"四个交通"发展》提出将"四个交通"（综合交通、智慧交通、绿色交通、平安交通）作为今后和当前一段时期交通运输发展的主旋律，在 2015 年全国交通运输工作会议上交通运输部部长则两次提到"以智慧交通为主战场"。

智能交通系统的亮点在于智能，若想实现智能化，则必须应用相关的高科技手段和技术，实现所谓的智能交通系统的功能。智能化的实现仅仅依靠一种技术手段是难以完成的，所以智能交通系统包含的技术手段有多种，如自动控制技术、通信技术、计算机技术以及信息技术等。智能交通系统相比过去传统的交通系统来说，大大降低了人力的投入，而工作效率却得到极大提高。在当今巨大的交通压力下，智能交通系统可以通过对车辆的监控定位，实现一种全方位、标准化的管理，有效地保障人们的出行安全，在一定程度上缓解了交通压力。智慧交通为通过高新技术汇集交通信息，对交通管理、交通运输、公众出行等交通领域全方面以及交通建设管理全过程进行管控支撑，使交通系统在区域、城市甚至更大的时空范围具备感知、互联、分析、预测、控制等能力，以充分保障交通安全、发挥交通基础设施效能、提升交通系统运行效率和管理水平，为通畅的公众出行和可持续的经济发展服务。

本书就以“智慧交通”为主题，采用视觉识别技术，将视觉识别算法嵌入具有视觉处理能力的物联网网关，结合已有的交通信息系统、GPS 定位系统以及物联网和人工智能技术，使系统能够实现路口红绿灯时间根据车流情况实时调整；路面影响交通的异物及突发交通事故识别、判断、抓拍并报警；应急车辆路口优先放行；非机动车及行人违反交通规则抓拍；道路两侧临时停车分时管理；共享自行车停放智能管理等功能，并通过网关所连接的互联网将信息传送到中心数据库进行管理和控制，从而实现对人、车、路和环境的和谐协调的关系处理，更好地改善交通秩序、提高效率、节约能源、减低环境污染，建立全新交通发展形态，对交通管理、交通运输、公众出行等交通领域全方面以及交通建设管理全过程进行管控支撑，使交通系统在区域、城市甚至更大的时空范围具备感知、互联、分析、预测和控制等能力，以充分保障交通安全、发挥交通基础设施效能、提升交通系统运行效率和管理水平，为通畅的公众出行和可持续的经济发展服务，对改善城市交通有着重要意义。

写作本书曾参阅了相关文献资料，在此谨向其作者深表谢意。

本书获武汉研究院重点基金项目（IWHS20171003）资助。

由于笔者水平有限，书中不妥之处在所难免，恳请读者不吝赐教，批评指正。

著　者

2021 年 6 月

目　　录

第1章　绪　　论

1.1　研究背景及意义

1.1.1　智慧交通的研究背景

近些年来，随着我国经济与时代的发展，城市化发展越来越迅速，出现了越来越多的超级城市。早在2015年底，我国80%以上的城市已经初步落实新型智慧城市建设工作，目前已经逐步覆盖整个东部地区，并且带动了中西部地区新型智慧城市的建设和深入发展[1]。2016年10月，《长江经济带发展规划纲要》中将武汉列为超大城市，汽车已成为城市化发展中一个重要的交通工具。以武汉为例，截至2020年初，武汉全市常住人口1 121.20万人，汽车保有量近313.7万辆。按照一家三口人来计算，超过8成的家庭已经拥有了汽车。说明汽车已经成为现代社会中不可或缺的一部分，但如此庞大的汽车数量也带来了许多问题，例如交通拥堵、交通事故和交通违章等问题。在城市越来越拥堵的情况下，一个实时、准确、高效的城市智慧交通系统就显得格外重要。这个系统综合了许多的先进技术，可以对整个城市交通运输网进行监控和管理，可以大大缓解城市拥堵等现象，保证人们的出行顺畅以及出行安全，从而促进我国城市化进程，加速我国经济水平的发展[2]。

2019年9月我国发布了《交通强国建设纲要》，这是我国中共中央首次联合国务院一起印发有关于交通建设相关方面的纲要，这次颁发的纲要充分地说明了交通运输工程在国家发展之路上的重要性。其中重要的一点是《交通强国建设纲要》首次将智能交通系统（Intelligent Transportation System，ITS）发展过程中的主要内容与新一代基础设施建设、智能化载运工具、人性化的服务系统等建设结合到一起，对新一代通信和信息技术的应用也进行了充分的考虑，《交通强国建设纲要》可以说是给智慧交通系统的发展打开了崭新的一页[3]。预计在不久的将来，智慧交通系统将会给人们带来更加方便的出行服务，并为提高交通系统的效率和安全提供强有力的支持，也将成为中国高科技产业的重要组成部分。

1.1.2 智慧交通的概念

智能交通系统的亮点在于智能，若想实现智能化，则必须应用相关的高科技手段和技术，实现所谓的智能交通系统的功能。智能化的实现仅仅依靠一种技术手段是难以完成的，所以智能交通系统包含的技术手段有多种，如自动控制技术、通信技术、计算机技术以及信息技术等。智能交通系统相比过去传统的交通系统来说，大大降低了人力的投入，而工作效率却得到极大的提高。面对当前巨大的交通压力，智能交通系统可以通过对车辆的监控定位，实现一种全方位、转准化的管理，有效保障人们的出行安全，在一定程度上缓解交通压力[4]。

在2009年，IBM公司提出“智慧交通”这一理念，它是在智能交通的基础上，融入物联网、云计算、大数据、移动互联等高新IT技术，通过高新技术汇集交通信息，提供实时交通数据下的交通信息服务。大量使用了数据模型、数据挖掘等数据处理技术，实现了智慧交通的系统性、实时性，信息交流的交互性以及服务的广泛性。

因此，智慧交通为通过高新技术汇集交通信息，对交通管理、交通运输、公众出行等交通领域全方面以及交通建设管理全过程进行管控支撑，使交通系统在区域、城市甚至更大的时空范围具备感知、互联、分析、预测和控制等能力，以充分保障交通安全、发挥交通基础设施效能、提升交通系统运行效率和管理水平，为通畅的公众出行和可持续的经济发展服务。智慧交通的迭代升级如图 1-1 所示。

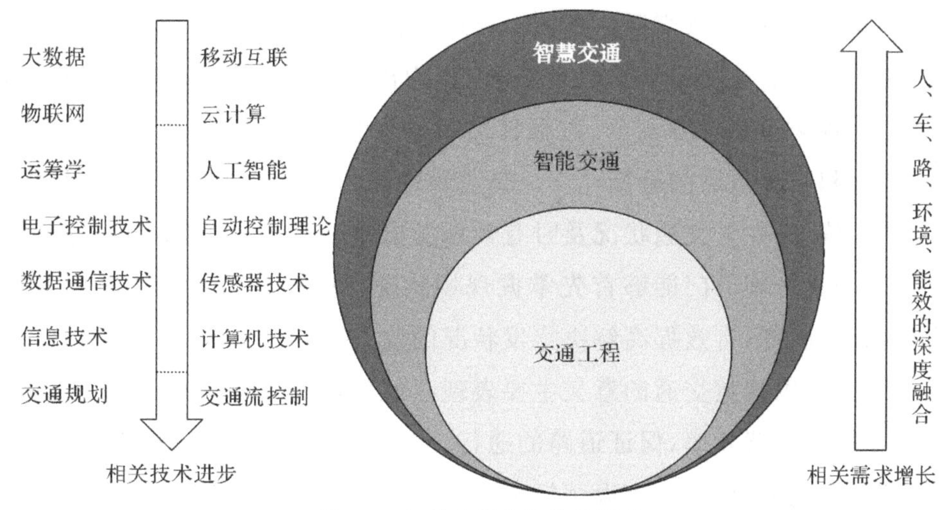

图 1-1　智慧交通的迭代升级图

1.1.3　采用智慧交通的意义

目前，交通拥堵在人类社会中已经处于一种常态，尤其是在大城市，人流、客流、货流高度集中的地方，车辆拥挤、交通事故频频发生导致车速缓慢。世界上一些大城市，像巴黎、纽约等市中心高峰时期的汽车速度仅仅在 16 km/h 左右。在日本东京，高峰时期的车速仅仅只有 9 km/h 左右，甚至最低只能达到 4 km/h，出现了比人正常步行速度还要慢的情况。在我国许多大城市的中心地区，早晚高峰时期的汽车速度也仅仅在 10～15 km/h。美国芝加哥交通部认为，当 30％的车辆在道路上滞留的时间超过 5 min 就算交通拥堵。日本建设省认为，在道路上汽车拥堵距离超过 1 000 m 或者拥堵的时长超过 10 min 就算交通拥堵。

交通问题每年都会造成世界各国巨大的经济损失。美国一年就会因交通拥堵造成 410 亿美元的损失，日本每年因为交通拥堵而造成折合人民币大概 6 000 多亿元的损失，而对于我国大城市，每年由于交通拥堵导致的直接或间接经济损失也高达1 600亿元。由此可见,交通问题的影响十分巨大。

城市智慧交通系统主要是利用数据资源共享及数据整合,应用顶尖科技信息和通信技术,将交通信息实时传送给各交通参与者,使其在家或办公室就能了解到交通的最新信息资源,以作为出行参考,从而降低交通拥堵,尽可能使各交通参与者安全、通畅地出行。智慧交通系统还体现在其管理的智能化和紧急救援的智能化[5]。交通管理部门通过该系统能够实时掌握交通路面信息,并对交通状况及时有效地做出应对对策,特别是针对路面突发状况,交通管理部门能够首先掌握现场状况,迅速出警,在第一时间发挥其交通管理职能,有效提高解决突发状况的效率[6]。

因此,采用智慧交通的意义主要表现在如下两个方面:①能够使道路通畅,明显提高运营效率,保证道路的通行,完成交通的需求。②安全功能大,事故的处理能力也增强,可以减轻事故发生之后的再次伤害[7]。

1.1.4 研制智慧交通系统的意义

“工业.4.0”,即智能化时代正在到来,信息化技术将促进产业变革,在交通运输行业具体体现在ITS的开发和应用上。智能交通系统是将先进的信息通信、电子控制和计算机处理技术进行有效集成,应用于交通运输系统,以提高交通系统的运行效率。目前,智能交通系统主要应用于城市交通和高速公路方面。但随着我国交通运输行业日益发展,“互联网+”和多种交通运输方式协同发展的战略被提出,如智慧城市轨道交通、智慧高铁、智慧航空和智慧港口等[8]。

在此大背景之下,研究智慧交通系统为大势所趋。在此之前,智能交通系统为智慧交通系统的研制奠定了一定的基础。智能交通系统同传统的交通工程相比,属于新型的交通管理系统,它由智能信息系统、智能交通管理系统、电子收费系统、应急管理系统等组成。其中,智能交通管理系统是以实现交通信息数据共享为基础研发出来的,是当前交通系统中的重要组成部分,不仅能够改善当前的交通拥堵问题,而且能够在一定程度上保障用户的交通安全[9]。而智慧交通系统是在智能交通系统的基础之上研制出的新一代交通系统方案,该系统搭载视觉识别技术,主要是通过高清晰度的摄像机以及电子图像等设备对道路交通情况以及所监控的目标进行识别、跟踪以及测量等,继而利用相关图像技术对收取到的视觉信息进行相应的处理,然后通过三维成像实现电子信息观察技术[10]。目前来说我国的智能交通系统中的计算机视觉效果技术主要被应用于交通管理中的监控工作,比如能够对路况进行实时的监控,在一定程度上对交通拥堵、违章停车以及交通事故等现象进行实时的监视[11]。

交通是城市的枢纽,城市的交通制约着城市的发展,这是毋容置疑的。为了解决这个问题,最直接的方法就是增加道路的宽度与数量。但是尽管我国每年的城市道路面积都在增加,但是人口增长以及交通的需求量大于现有道路的供给量,在对 32 个拥有百万以上人口的城市进行抽样调查后发现,有 27 个城市的人均道路占有量低于全国人均道路占有量[12]。另外,受限于历史与政治原因,城市的商业中心、政治中心和休闲、娱乐中心大多集中在老城区,而老城区由于配套基础设施建设不完全、人口密集、车辆剧增,拥堵情况十分严重。所以我国现有的设施、道路以及交通管理已经追不上交通需求的增长的速度。“智慧交通”已经成为我国近年来的一种交通发展的重要策略,提高交通的“智能化”与“科学化”已经成为交通治理者的一种共识。

1.2 国内外研究现状

“智能交通系统”这一名词在国际上正式通用是在 1994 年。在此之前,各国以及各个组织对智能交通系统的称呼不尽相同。智能交通系统在世界的各个地区的发展历程各有差异,这里我们主要是对美国、日本、欧洲以及中国的智能交通系统的发展历程做一个简要分析,目的是让读者充分了解智能交通系统在中国发展的历程[13]。

1.2.1 国外研究现状

1. 智慧交通系统在美国的发展历程

1991年,美国成立智能交通系统建设领导和协调机构,并制定出《陆上综合运输效率化法案》(Intermodal Surface Transportation Efficiency Act, ISTEA),从此美国智能交通系统的研究、开发进入了全面有序的发展阶段。从1993年9月至1996年7月,美国的ITS体系初步形成,并经过了多次修订,在1999年末完成了第三版,建构了一个由出行及交通管理、出行及交通需求管理、公共交通运营、电子付费服务、商用车辆营运、应急管理、先进的车辆控制与安全系统等七大系统构成的国家ITS体系结构[14]。

美国在 *Mobility* (2000)一书中对交通管理系统的定义强调了监视、控制和管理交通。"监视"交通的关键是采集、存储和传输交通信息。随着科学技术的发展,采集、存储、传输交通信息的方法越来越智能化,智能交通管理系统应运而生。智能交通管理系统是利用先进的信号检测手段和相关交通控制模型,通过分析检测到的交通信息,制订有效的交通控制方案,并将成熟的方案通过多种方式传递给交通参与者和管理者,目标是提高交通管理和运输效率[15]。

美国的经济发展水平一直处于世界的前列,因此其交通压力到来的时间比其他国家和地区要早得多。智慧交通系统的发展就成为解决美国一系列交通安全问题的重要核心部分,物联网、智能化是其发展的重要方向。

2. 智慧交通系统在日本的发展历程

日本ITS起步也比较早,在20世纪70年代日本便着手ITS的研究。1973年,日本国际贸易和工业省对车辆交通控制系统发起了全面的研究,这是日本ITS发展开始的标志。日本最初进行的研究是汽车综合控制系统(Comprehensive Automobile Control System, CACS)。通过对于CACS的研究积累的技术经验,在20世纪80年代,日本推动了以建设省为主导的路车间通信系统(Road/Automobile Communication System, RACS)和以警察厅为主导的新汽车交通信息通信系统(Advance Mobile Traffic Information and Communication Systems,AMTICS)两个项目。进入90年代之后,日本ITS开始走向国际化并在1994年成立了道路车辆智能化推进协会。日本ITS发展至今,已经取得了一些成果,现在主要将研发重心放在智能化导航系统、智能收费系统、安全驾驶支援系统、最优化交通管理系统、高效道路管理系统、先进公共交通系统、高效商用车系统、行人辅助系统、紧急车辆支援系统等九大系统上[16]。

3. 智慧交通系统在欧洲的发展历程

智能交通系统在欧洲的研究发展起步于20世纪80年代以后,一些经济实力雄厚和经济发展状况相对较好的国家首先发起,包括英国、德国、法国、瑞典等国。这些国家最初就坚定地认为智能交通系统的研发能够进一步解决道路交通问题,事实证明他们最初的想法是对的。为了进行智能交通系统的研发,其早期计划有PROME-THEUS计划以及DRIVE计划[4]。在80年代中后期,欧洲开展了车辆安全道路结构计划、高效安全交通系统计划的研究。欧洲道路交通通信技术应用促进组织于1991年成立,用以促进欧盟与相关企业之间合作,从而共同推动ITS在欧洲的发展。欧盟委员会于2016年通过了“欧洲合作式智能交通系统战略”,目标是到2019年在欧盟国家道路上大规模配置合作式智能交通系统,实现汽车与汽车之间、汽车与道路设施之间的“智能沟通”[17]。进入21世纪,智能交通系统在欧洲取得较为不错的发展成果,有了CVIS项目。之后,欧洲的智能交通系统的发展目标更加明确,发展呈现一种积极的状态。

1.2.2 国内研究现状

多年来,国家和政府高度重视交通行业的发展。《交通运输“十二五”发展规划》中提出:“十二五”时期要推进交通信息化建设,大力发展智慧交通,提升交通运输的现代化水平;在国家八部委起草的《关于促进智慧城市健康发展的指导意见》中,智慧交通被列为十大领域智慧工程建设之一。在国家的大力支持与推动下,国内各城市智能交通的发展速度较快。从对运输工具的监测到基础设施的信息化建设，在加大对交通违法行为检测的同时，通过信息化手段提升交通运输管理能力和服务水平，其中包括推进交通基础设施的数字化和智能化。在推进发展的过程中，国内智能交通的发展情况如下：

(1)电子警察、卡口、车辆识别系统、信号灯控制、GPS车载导航系统、智能公共交通系统、停车场管理系统、交通收费设备、交通通信设备等产品和系统功能更趋完善。

(2)GPS、RFID等一些新技术在智能交通领域得到更为广泛的应用。重庆、武汉、南京等城市，已成功地将RFID技术应用于路桥不停车收费系统。

(3)智能交通已从简单的交通违规监测，如闯红灯、违章停车等，逐渐发展为为城市交通拥堵提供解决方案。

(4)智能交通从单点检测，到线检测，再到区域检测，监测范围不断扩大，应用规模也不断增大。

目前，北京、上海、深圳、宁波、佛山等多个城市先后开展了智慧交通建设[18]。北京市已经有十大系统初步在智慧交通系统中构建，如“单双号”自动识别、交通事故发生的自动检测报警系统、指挥调度系统等，上述诸多系统的构建，能够让交通管理部门对道路状况进行实时了解，实现对警力的动态调整，对路网流量变化进行科学的预测，第一时间对多种安全事件进行妥善处理，保障道路的通畅，为创建良好的交通环境提供了极为有利的技术保障[19]。2008年，上海市开始建设交通综合信息服务平台。从交通控制这一方面来看，引入了澳大利亚研发的SCATS交通信号控制系统，并对其开展国产化的完善操作，同时还对上海地区实验性线路导航系统进行立项探究，结合智能化措施，实现地面交叉口通车效率、道路通行能力的提升。在交通信息服务方面，上海率先在全国范围内推出广播电台，积极引导司机及时改道，避免交通拥堵；此外还积极推广“上海交通网站”，提供地图、交通出行指南等相关方面的信息，使得市民能够因此而享受现代化信息服务。广州市搭建了包括出租车综合管理、羊城通系统等在内的交通信息综合平台，为引领城市交通发展起到了极为关键的作用。“宁波通”手机APP是宁波市智能交通系统建设的一个重要成果[20]。

综上所述,我国目前交通信息化系统的建立在规划和建设时大多数仅是为了解决某些局部、具体的问题,因此系统基本上是各自独立存在的,呈现出大网络背景下的信息孤岛模式,缺乏统筹规划的顶层设计。因此,应用现代高新技术将交通需求与车辆和道路联系起来系统地解决交通问题,成为智慧交通的核心思想和发展趋势。

1.3　未来智慧交通的研究展望

在全国政协十二届二次会议中,李克强总理提出要制定“互联网+”行动计划,意味着“互联网+”正式上升为国家战略,“十三五”期间互联网同交通行业深度渗透融合,使相关环节产生深刻变革,并成为智慧交通提升建设的关键技术和重要思路[21]。

对未来交通生活的展望,让我们可以看到智慧交通在技术方面的一个发展趋势,即新能源驱动、无人驾驶和车联网。新能源驱动能够有效解决能源短缺和环境污染的问题;无人驾驶提高了车辆的智能性,使得我们在开车的同时既能够解放双手,又能有效解决疲劳驾驶的问题;车联网技术使得我们能够轻松获得每一辆车的信息,使其能更方便地为人们提供综合服务,并方便对其进行监管[22]。

总之,智慧交通将朝着智能和低碳环保的方向发展,并最终为我们提供一个安全、便捷、舒适、高效的交通运输环境。

第2章　智慧交通总体构建

2.1　智慧交通的构建意义

城市交通拥堵的本质是城市交通供求的不平衡——交通供给滞后于交通需求,因此,缓解城市交通拥堵,一方面是要通过道路及基础设施的建设来增强交通供给能力;另一方面要采取有效措施合理调控交通需求。从供给的角度来看,由于城市道路网的建设受城市规划、城市规模、土地利用以及财力、物力等诸多因素的限制,不可能无限扩张,因而单靠改善道路系统是不足以解决交通拥堵问题的;从需求的角度来看,目前尚不宜采取有力措施限制小汽车的购买和使用。因此,如何科学组织道路交通,充分发挥现有路网的通行效能,显得尤为重要。

本书基于视觉识别技术,将视觉识别算法嵌入具有视觉处理能力的物联网网关,结合已有的交通信息系统、GPS定位系统以及物联网和人工智能技术,使系统能够实现路口红绿灯时间根据车流情况实时调整;路面影响交通的异物及突发交通事故识别、判断、抓拍并报警;应急车辆路口优先放行;非机动车及行人违反交通规则抓拍;道路两侧临时停车分时管理;共享自行车停放智能管理等功能。通过网关所连接的互联网将信息传送到中心数据库进行管理和控制,从而实现对人、车、路和环境的和谐协调的关系处理,更好地改善交通秩序、提高效率、节约能源、减低环境污染,建立全新交通发展形态，对交通管理、交通运输、公众出行等交通领域全方面以及交通建设管理全过程进行管控支撑，使交通系统在区域、城市甚至更大的时空范围具备感知、互联、分析、预测、控制等能力，以充分保障交通安全、发挥交通基础设施效能、提升交通系统运行效率和管理水平，为通畅的公众出行和可持续的经济发展服务，对改善城市交通有着重要意义。

2.2　主要研究内容

本书的主要研究对象为武汉市智慧交通控制与管理系统的构建，分为动态交通管理建设、静态交通管理建设和业务支撑平台建设。动态交通管理建设包括道路异物及交通事故识别报警系统建设、智能红绿灯系统建设、应急车辆控制系统建设和非机动车及行人管理系统建设四大部分；静态交通管理建设包括共享自行车停放系统建设和路侧分时停车系统建设两部分内容；业务支撑平台建设包括支持中央控制的软件平台及硬件平台建设，此部分包含原有的交通管理体系及新增视觉识别管理的接口。实现统一标准，统一管理，数据实时交换，信息实时查询与发布。武汉市智慧交通系统总体框架如图 2-1 所示。

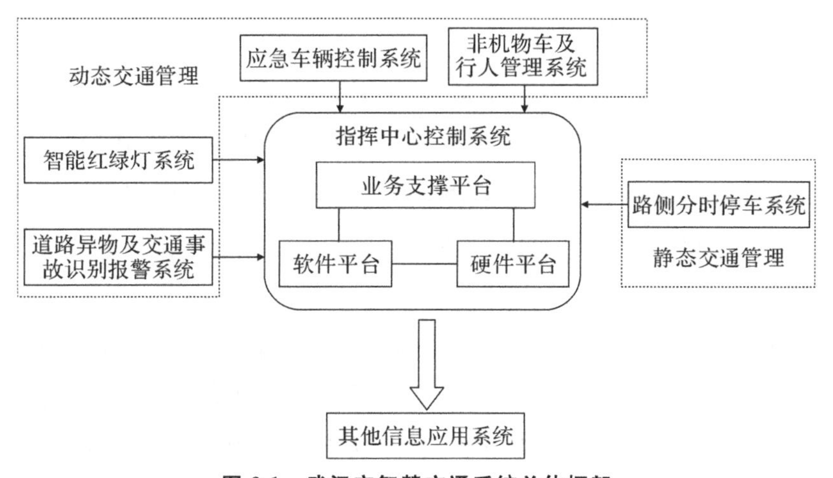

图 2-1　武汉市智慧交通系统总体框架

2.2.1 交通流信息采集系统

为获得城市路网实时交通运行状况以及未来短时交通运行状况发展趋势，以服务于交警部门交通管理业务，本方案拟在城市路网中主要交叉口布设车辆检测器，进行交叉口交通流参数(包括流量、速度、占有率等)的采集，进而通过数据处理获取路网交通运行状况指标，为智能交通应用平台交通状况综合监测、交通状况预测预报以及信号优化控制等功能的实现提供基础数据支撑。

为获得武汉市交通系统运行的完整数据，就必须在相应的交叉路口布设交通检测器。基于交通工程学原理，制订了路网交叉路口交通流检测点的总体设置原则。

(1)交通流检测点的设置应能够实现主要交叉口交通运行状况监测的全覆盖。

(2)交叉路口交通流检测点设置在交叉路口，能够采集交叉路口各进口方向的交通需求。

本系统可以通过建立路网动态交通流信息采集系统，实时了解城市路网的运行全貌，并通过对数据进行分析，指引交通管理工作方向，从而为交通信息分析和交通信号优化等服务提供必要的数据依据。

2.2.2 道路异物识别系统

交通状况综合监测模块主要是基于各类检测器采集的交通信息，对其进行加工处理，通过科学合理的方法分析，实现对道路交通状况信息、交通事件信息、气象信息等进行实时监测，从而为交通管理部门以及道路使用者提供可靠、全景化的道路交通信息环境，是城市道路智慧交通管理平台最基础的功能。

在实际应用中，由于受恶劣天气影响，会有落石、倒树、砖头及风吹杂物等阻拦道路。在这种情况下，如果没有群众报警，仅靠视觉监控，难以做到及时清理障碍物。当发生交通事故时，双方挡在路中争吵，而又无人报警，也会造成交通堵塞。本书主要针对类似情况，采用激光雷达技术和视频识别技术，融合其他传感器，能够在风、雨、雾、雪等恶劣天气条件下和夜晚条件下，以主动预报和实时识别报警的方式，实现对道路的高危敏感区域（如高危边坡、隧道口、桥梁等）上影响行车安全的异物进行全方位监测。本模块主要研究武汉市高危敏感区域鉴定方法、道路异物归类、报警模式及异物处理方法的流程及标准。目前已开发出应用于高铁及高速公路上的异物检测系统，道路异物示意如图 2-2 所示。

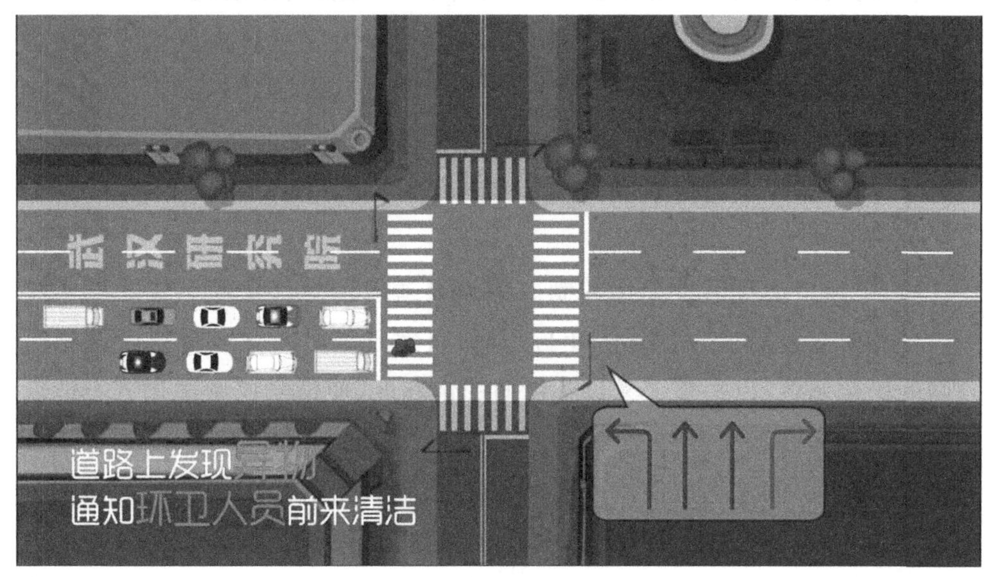

图 2-2　道路异物示意图

2.2.3　智能红绿灯调控系统

交通信号优化控制模块主要基于实时采集的交通流数据，以延误、通行能力作为衡量配时方案的指标，辅助现有的交通信号系统形成优化的交叉口通行策略，进而得到优化后的配时方案。这种方法能够从根本上使被动式控制转变为主动式控制，并能够对交通流进行快速反应和高效控制，缓解城市路网局部拥堵现状，提高车辆信号优先服务效率，解放路口交警警力。

例如在红绿灯交通信号之中，传统配时方式无法适应实时路况变化。可能出现一边是绿灯没有车，另一边是红灯却排长队，导致车辆需要等待多个红绿灯周期才能通过路口。

目前国内主要的路口红绿灯配时方案如下：

(1)单时段固定配时方案。24 h 其执行同一种固定配时方案。信号变化判断方法:每个方向的配时是 24 h 固定不变的。其缺点为一边浪费大量绿灯时间没车通行,另一边排长队干等。

(2)多时段固定配时。信号变化判断方法:24 h 内执行多个时段配时方案,根据经验值调整各个方向的配时时间,同一时段内配时不变。判断方法:同一时间段内配时固定不变。其缺点同(1),但是有所改进。

(3)队尾重触发伪智能配时方案。绿灯通行时间可以根据车检器的检测结果适当延长。缺点:不是全局最优,不断延长绿灯通行时间可能降低全局效率。判定方法:绿灯倒计时突然重新变大,司机可能会比较困扰,而且被迫降低车速,降低通行效率。

可采取的优化策略如下。

(1)单点自适应信号优化控制。单点自适应信号优化控制主要基于交叉口分方向交通需求的实时估计与预测,可实现信号方案各放行阶段绿灯时间的优化调整,以平衡交叉口各流向的饱和度,使信号控制优化方案适应交通流的时变性。

(2)干线协调优化控制。干线单双向协调联动信号优化控制主要基于交通需求和干线行程时间的实时估计及预测,以在满足非协调阶段交通通行需求的前提下,实现干线绿波带宽的最大化为主要目标,可动态生成干线协调信号配时优化参数(相位差,各阶段绿时等)和优化方案,并下发现有信号控制系统执行。

(3)区域协调优化控制。区域协同优化控制主要基于交通需求主动控制思想,以提升区域内交叉口通行效率、分散关键交叉口交通压力为主要目标,动态估计关键交叉口及其上游关联交叉口的控制交通需求,进而生成区域内各交叉口交通信号协同优化配时参数和优化方案,并通过信号控制系统发布执行;系统用户可根据不同的控制策略,灵活设置优化区域的范围。

在智能红绿灯系统中具体措施如下,利用视觉识别技术对路口各车道车辆进行实时识别,采用优化算法计算各车道车辆通行时间,然后对路口红绿灯时间进行自动调整。本次模块主要研究智慧全局配时方案、数据传输存储方案、与中央控制平台统一协调方案等,将采用问卷数据调查司机通行路口的耐心度，建立监测识别实验装置验证通行效率，为控制程序编制提供科学决策。图 2 - 3 所示为本项目组开发的智能红绿灯系统控制界面，控制策略还需要进一步研究。图 2-4 为红绿灯智能调控示意图。

图 2-3　智能红绿灯系统控制界面

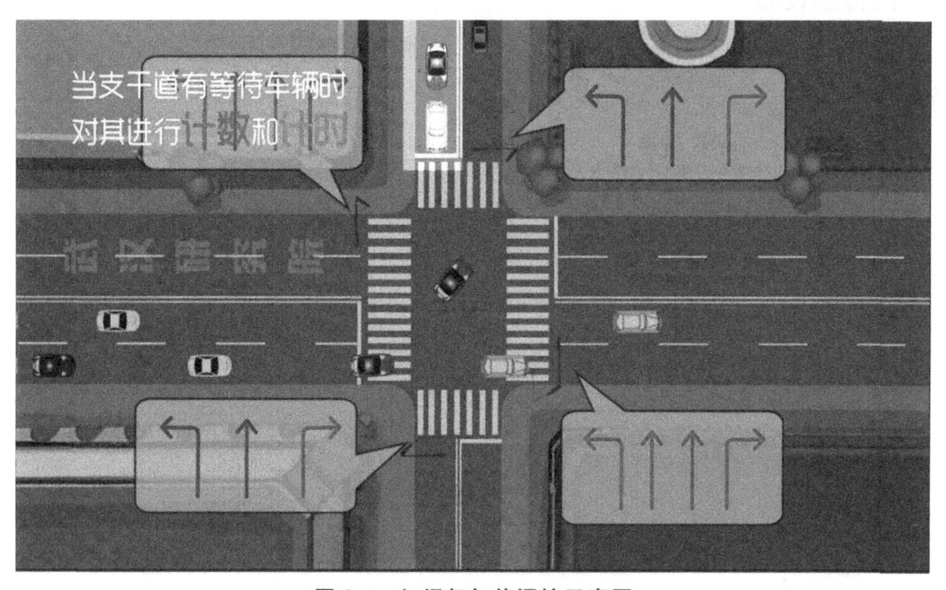

图 2-4　红绿灯智能调控示意图

2.2.4 应急车辆控制系统

在日常生活中，经常可以看到一些应急车辆被卡在车流中动弹不得。目前，有些城市重点针对商场、学校以及其他大型公共场所建立应急通道，通过应急车辆(救护车、消防车等)的信号优先控制，迅速形成指定的生命绿色通道，确保公安、消防、急救等应急车辆在交通严重拥堵情况下能够快速通过。基于GPS/北斗定位数据和优先任务配置信息，实时动态判别车辆下游和上游交叉口优先相位的锁定及解锁时机，实现自动锁定与解锁，在保障应急车辆信号优先的同时，降低对正常交通秩序的影响。传统的应急车辆优先系统由部署于应急车辆上的智能移动终端设备、部署于交警交通指挥中心的系统后台以及信号控制系统构成。这种控制方案的缺点是需要智能移动终端设备、需要与系统后台联系。

因此，本书采用视觉识别模式，通过路口或路侧设定的摄像头，对汽车车牌和车顶警灯的闪烁同时判定，应急车辆识别示意图如图2-5所示。本书主要研究采用视觉识别在应急车辆通行上的可行性分析，应急通行与智慧红绿灯控制策略的兼容性，并包含以下特点。(1)无需在车辆及路口安装特定的传感设备。

(2)基于智能移动终端的服务平台，克服了信号优先服务群体固定化的局限。

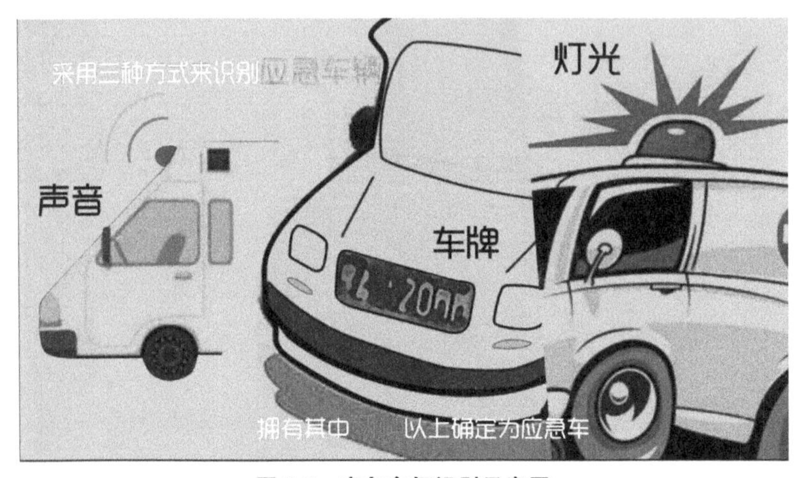

图2-5 应急车辆识别示意图

(3)为现场用户提供自主式、智能化的应急车辆信号优先服务。

(4)确保公安、消防、急救等应急车辆在交通严重拥堵情况快速通过。

(5)确保指挥中心用户的最高管理权和决策权。

(6)系统投入成本低,建设周期短,维护简单。

2.2.5　非机动车及行人管理系统

由于非机动车驾驶员及行人的交通违规难以取证,很少受到交规的约束,加上人们的法制观念淡薄,安全意识比较差。人们普遍认为违反交通规则,一般不会造成很大危害,所以往往从习惯、方便等方面考虑,会认为在交通出行中能“抢”、能“争”、能“闯”、能“超”,发生车祸的主动权在机动车驾驶员手中。人车混流的乱象时时在城区中上演。这种乱象导致中国“万车死亡率”是发达国家的几十倍,交通事故死亡率已超过战争,成为仅次于疾病的人类生命的杀手,并给成千上万个家庭带来难以愈合的创伤。图 2-6 所示为非机动车与行人管理的模式。比如,当等待行人超过 10 人或单个行人的最长等待时间超过 90 s 时,都可以触发行人通行信号灯启动。

图 2-6　非机动车及行人通行管理

因此通过使用人脸检测算法、人脸跟踪算法等核心算法,构建人脸库、设置黑/白名单,实现黑名单报警、人脸检索、人脸识别等功能,针对非机动车驾驶员和行人等的违规行为做出辨别和记录,警示他们,更正其错误的行为习惯。

本书的研究内容主要是制订出针对违规行为的警告和惩罚措施、以及违规信息传递到违规者的方法。

2.2.6 路侧分时停车系统

路侧分时停车系统主要针对银行、医院等社会服务机构附近非主干道道路两侧临时停车进行管理。目前,对于道路两侧划定停车位内停车主要采用免费停放和计时收费的方法进行管理,由此容易造成部分车辆长时间占用停车位的问题。社会服务机构附近车位需求大,办事车辆无处停放容易导致交通阻塞。

路侧分时停车系统通过区分停车位性质限定临时停车时间,采用视觉识别设备检测车辆停放时间,当超过规定停放时间,发送信息提醒车主,如果继续停放则进行严厉处罚,从而提高车位使用效率,减少因办事车辆无处停放造成交通拥堵。另外,路侧分时停车系统可提供自助缴费及充电功能。本模块主要研究不同区域停车位可限定的临时停车时间,以便视觉识别器材的安置。

第3章 基于自动超分辨的遥感图像车辆检测的智慧交通

3.1 引　言

对由卫星或飞机上的照相机捕捉到的遥感图像进行车辆检测在交通、军事、安全和其他领域应用广泛。尽管取得了巨大的成就，但与最先进的检测网络在基准数据集上[33,38]的结果相比，遥感图像中车辆检测的性能仍然远远不能令人满意。这通常是由于遥感图像中的车辆尺寸比日常图像小得多，缺乏足够的细节外观来区分车辆与相似物体。如图 3-1 所示，快速区域卷积神经网络(Faster Region Convolational Neural Networks，FR-CNN)[37]在低分辨图像和它对应的高分辨图像的检测表现有明显差距。由于深度卷积网络(Deep Convolutional Neural Networks，DCNNs)在目标检测和超分辨任务的巨大成功，考虑将这两个任务合并到一个统一的框架中以提高检测性能是很自然的。

传统的车辆检测通过提取浅层的、手工设计的视觉特征(如颜色直方图、纹理和局部模式)和训练分类器(如 Support Vector Machine，AdaBoost[28,36])来实现。然而这些手工设计或浅层学习到的特征经常需要耗费大量计算资源并且表达能力有限，因此它们的检测性能竞争力较低。近来，受到区域生成的 CNNs 在目标检测标准数据集上的巨大成功的启发，例如 R-CNN[30]，Fast R-CNN[29]，Faster R-CNN[37]和 YOLO，很多用于航空图像车辆检测的基于 DNN(Deep Neural Networks)的方法也被提出[24,39,41]。在此基础上，研究了多尺度特征融合和难样本挖掘技术以提高性能。超分辨网络(Super Resolution Convolutional Neural Networks,SRCNN)在目标检测任务上的积极作用已经在文献中被证实,同时完成超分辨和目标识别的工作在文献[25]中被提出。在文献提出的方法中,SSD[42]作为检测器被固定,检测损失被回传到超分辨网络(Super Resolution Convolutional Neural Networks,SRCNN)进行训练。文献[25]提出一种基于 GAN 网络的方法,其中 SRCNN 作为生成器,判别器是一个用于真假判别、分类和定位的多任务网络,以上两种方法都需要提供成对的低/高分辨图像,这一前提条件在实际应用中很难满足。

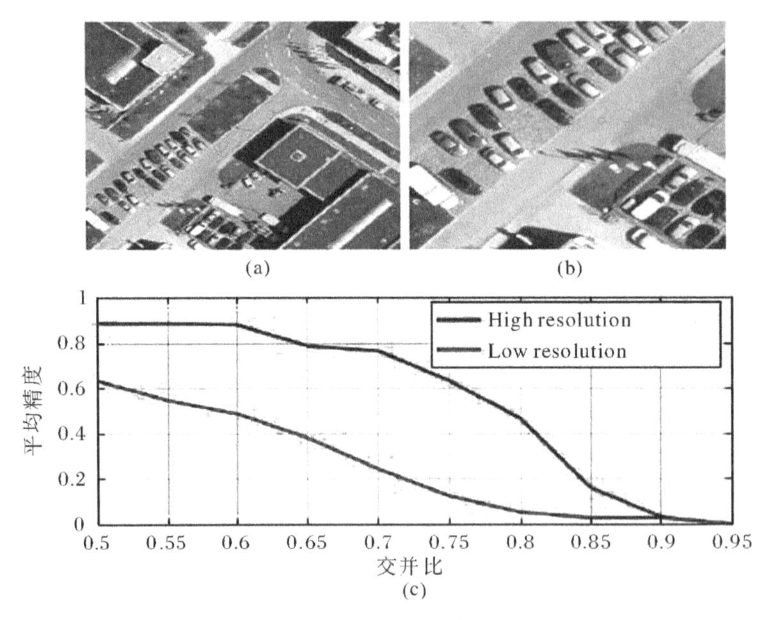

图 3-1 遥感图像及检测结果

(a)低分辨遥感图像示例;(b)对应的高分辨影像;

(c)Faster R-CNN 在低/高分辨图像上的检测结果

基于以上讨论,提出了利用无监督自动超分辨的遥感图像车辆检测网络,其中用到 CycleGAN 网络架构,以实现在没有成对低/高分辨图像情况下对图像进行超分辨和小目标检测。利用多任务学习策略,检测器被作为判别器,其检测损失被反向传播到生成器。因此,本生成器在判别器引导下提供了最合适的超分辨图像,同时也服务于检测器。对代表性数据集进行的大量实验表明,本方法优于目前最先进的检测器,其检测方法流程如图 3-2 所示。

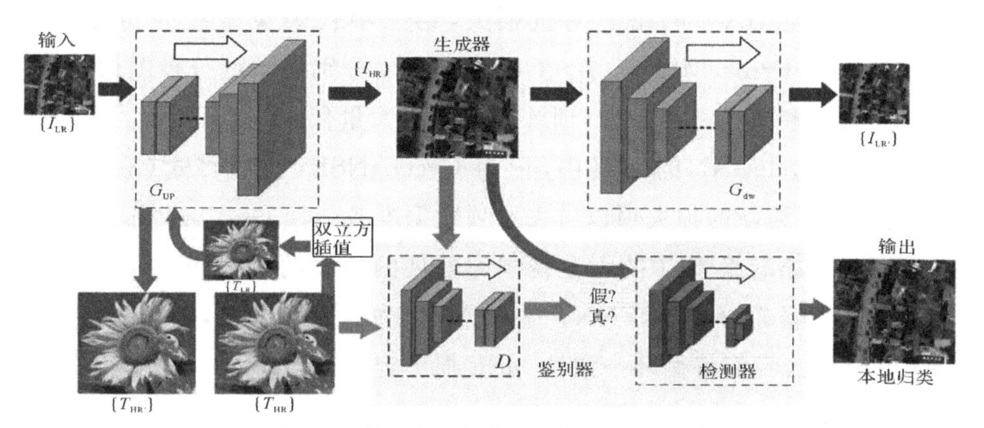

图 3-2　基于多任务学习的检测流程示意图

图 3-2 中红色区域为生成网络，G_{up} 和 G_{dw} 分别指超分辨网络和下采样网络；绿色区域为判别网络，D 对输入图像给出真假判断。Detector 完成车辆检测任务并给出最终结果。I_{LR} 是输入低分辨图像，I_{HR} 是从 I_{LR} 得到的高分辨图像，I_{LR}' 是 I_{HR} 经过下采样得到的低分辨图像。T_{HR} 是由 DIV2K 数据集给出的参考高分辨图像，与车辆检测任务没有任何关联。

3.2　方　　法

3.2.1　基于 CycleGAN 的超分辨网络

近来很多对 DCNN 的改进也适用于超分辨网络 SRCNN[27]。SRCNN 通过手工制作的上采样滤波器提高输入图像的空间分辨率，然后使用 CCNs 进行细化。为了进一步减少模糊现象[31]，提出了通过将感知相似度损失与对抗损失结合的超分辨对抗式神经网络(Super Resolution Generative Adversarial Network，SRGAN)。由于提供了低分辨图像对应的高分影像(见图 3-3)，可以直接使用像素损失，故 SRGAN 的目标函数定义如下。

$$
\begin{aligned}
\mathcal{L}\,\text{SRGAN}=&\mathbb{E}\,I_{HR}\sim P_{data}(I_{HR})[\log(D(I_{HR}))]+\\
&\mathbb{E}\,I_{LR}\sim P_{data}(I_{LR})[\log(1-\text{D}(\text{G}(I_{LR})))]+\\
&\mathbb{E}\,I_{LR}\sim P_{data}(I_{LR})[\,\|G(I_{LR}-I_{HR}\|_2]
\end{aligned}
\tag{3-1}
$$

其中，前两项是 GAN 网络的对抗损失，第三项代表像素级的均方误差(Mean Square Error，MSE)。I_{LR}、$G(I_{LR})$和 I_{HR}分别表示低分辨图像、生成的高分辨图像和真实高分影像，训练过程需要大量低/高分影像对。在本文提出的基于CycleGAN的网络中，记为 CycGANSR，我们将式(3-1)中的 MSE 损失替换为新的损失项以省去这项数据准备。

受图像风格转换[40]中的无监督学习发展的启发，我们将 CycleGAN 结构应用于无监督超分辨 SRCNN。生成器结构如图 3-4 所示，包括两个子生成器 G_{up}和 G_{dw}，我们将循环一致性 MSE 损失定义为

$$\mathcal{L}_{cyc}=\mathbb{E}\ I_{LR}\sim P_{data}(I_{LR})[\ \| G_{DW}(G_{UP}(I_{LR}))-I_{LR}\|_2] \tag{3-2}$$

式中，I_{LR}和 $G_{up}(I_{LR})$分别表示原始图像和经过超分辨的高分图像，$G_{dw}(G_{up}(I_{LR}))$是与 I_{LR}一致的下采样图像。因为 G_{up}和 G_{dw}是成对的，很难保证 G_{up}收敛到一个我们需要的网络。因此我们引入额外的高分影像(来自高分影像数据集，但与我们的遥感图像不匹配)，定义以下新的身份损失来约束 G_{up}的收敛：

$$\mathcal{L}_{Idt}=\mathbb{E}\ T_{LR}\sim P_{data}(T_{LR})[\ \| G_{UP}(T_{L}R)-T_{HR}\|_2] \tag{3-3}$$

如图 3-2 所示，T_{LR}是通过对参考高分影像 T_{HR}进行双三次下采样得到的低分图像，这项损失中只包含了 G_{up}。本方法保证了输入图像和超分辨图像之间的相似性，而不使用任何准备的低/高分辨率对。两个生成器的网络结构见表 3-1 和表 3-2。

表 3-1　上采样生成器 G_{up}的结构表

层	卷积	残差块×16	卷积	元素层面数	卷积	像素降噪	卷积	像素降噪	卷积
内核尺寸	3	3	3	—	3	—	3	—	3
内核数量	64	64	64	—	256	—	256	—	64
步幅	1	1	1	—	1	1/2	1	1/2	1

表 3-2　下采样生成器 G_{dw}的结构表

层	卷积	卷积×2	残次块×6	卷积×2	卷积
内核尺寸	7	4	3	3	7
内核数量	64	64	64	64	3
步幅	1	2	1	1	1

判别器 D 采用 ResNet-50 作为骨架网络，见表 3-3，它的作用是区分真实的高分辨率图像和生成的超分辨图像。对于这个特定的任务，在最后一个全连接层使用 sigmoid 函数。综上，cycle-GAN 损失包括对抗损失、循环一致性损失和身份损失三部分，可以定义为

$$\mathcal{L}_{\mathrm{cycGAN}}=\mathcal{L}_{\mathrm{GAN}}+\lambda_1\,\mathcal{L}_{\mathrm{cyc}}+\lambda_2\,\mathcal{L}_{\mathrm{Idt}} \tag{3-4}$$

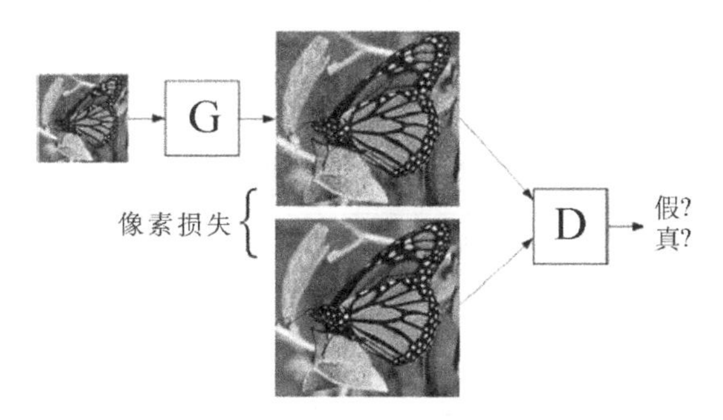

图 3-3 超分辨网络 SRGAN 示意图

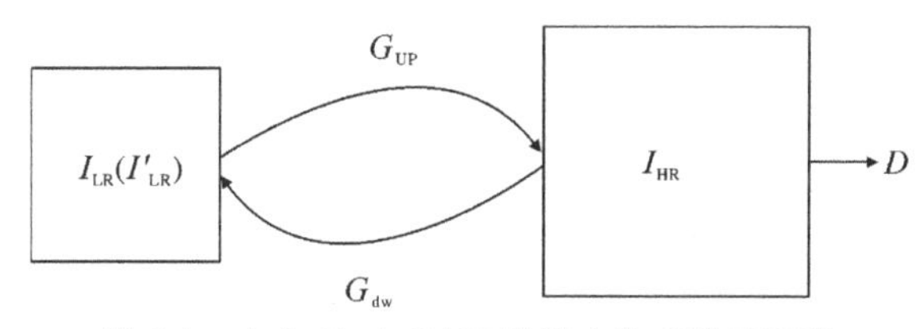

图 3-4 本文 CycleGAN 网络中生成器示意图

3.2.2 多尺度特征融合的深度检测网络

笔者针对遥感图像车辆检测提出了基于 Faster R-CNN 的多尺度特征融合策略，这里对特征融合技术核心思想和实现进行总结。如图 3-5 所示，我们结合特征金字塔的第 5(C5)、4(C4)、3(C3)和 2(C2)层的特征来生成最精细的特征图，用于后续的感兴趣区域(Region-of-Interest，RoI)池化和检测。在区域提案生成中排除了第 5 层(C5)，因为车辆尺寸太小在这一层中特征不明显。对每一个中间层 P4、P3 和 P2，应用一个 CNN 网络来检测可能包含目标的区域。对得到的每个区域提案，对它进行 ROI 池化后送入两个并列的全连接层分别用于分类和定位，训练的多任务目标函数如下($\lambda=1$)：

$$
\left.\begin{aligned}
&\mathcal{L}_{Det}=\mathcal{L}_{cls}+\lambda\ \mathcal{L}_{reg}\\
&\mathcal{L}_{cls}=\mathbb{E}\ I_{LR}\sim P_{data}(I_{LR})-\log(Det_{cls}(G_{UP}(I_{LR})))]\\
&\mathcal{L}_{reg}=\mathbb{E}\ I_{LR}\sim P_{data}(I_{LR})\times[smooth_{L1}(Det_{loc})(G_{up}(I_{LR})),t_{*})]\\
&smooth_{L1}(x)=\begin{cases}0.5x^{2}, & |x|<1\\ |x|-0.5, & \text{其他}\end{cases}
\end{aligned}\right\} \tag{3-5}
$$

网络的总体训练目标函数由超分辨网络损失与检测网络损失结合得到（见表 3-3 和图 3-5）：

$$
\mathcal{L}overall=\mathcal{L}_{GAN}+\lambda_1\ \mathcal{L}_{cyc}+\lambda_2\ \mathcal{L}_{Idt}+\lambda_3\ \mathcal{L}_{Det} \tag{3-6}
$$

表 3-3　鉴别器结构表

层	卷积	卷积	批标准化	卷积	批标准化	卷积	批标准化	卷积
内核尺寸	4	4	—	4	—	4	—	4
内核数量	64	128	—	256	—	512	—	1
步幅	2	2	—	2	—	1	—	1

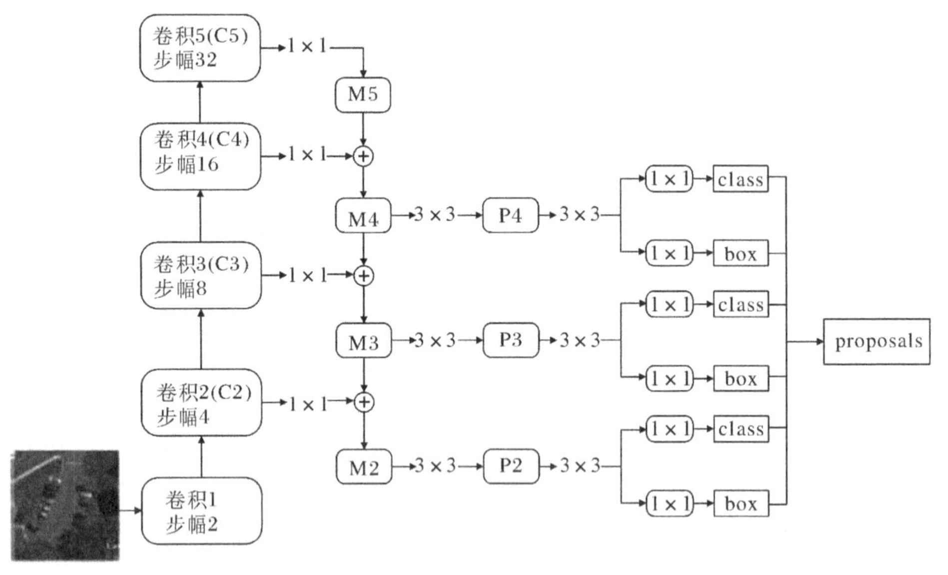

图 3-5　用于区域提案生成的自底向上的特征提取和自顶向下的多尺度特征融合

图中，M4，M3 和 M2 是中间层的输出，P4，P3 和 P2 是融合后的特征金字塔的不同层，1×1 和 3×3 分别代表卷积核大小为 1 和 3 的卷积层。

3.2.3 代码实现细节

上采样生成器由[32]给出的预训练模型进行初始化，下采样生成器和判别器从头训练，都采用 Adam 优化器，初始学习率设置为 0.000 1，没经过 40 000 代缩小 10 倍，batchsize 设置为 2，网络总共训练 80 000 代。当训练生成器时，判别器参数被固定，目标函数如式(3-7)，即不包括分类损失和定位损失。我们通过 λ_1 和 λ_2、循环一致性损失和身份损失分别的贡献，实验表明它们对整个网络的优化有着相同程度的影响，所以将它们均设置为 1。当训练判别器时，生成器参数被固定，目标函数如式(3-8)所示，即不包含检测器损失。检测器由在 ImageNet 上训练好的 ResNet-50 进行初始化，采用随机梯度下降法进行优化，初始学习率设置为 0.002 5，在 40 000 代后下降为 0.000 25，总共训练 60 000 代，我们将每两张图像作为一个 minibatch。在训练好 CycGANSR 网络和检测网络后，再对它们进行联合训练。联合训练过程与 CycGANSR 相同，目标函数也与式(3-7)和式(3-8)相似，λ_3 和 ω 分别设置为 0.01 和 0.1。

$$\begin{aligned}\arg\min_{G^*} & \frac{1}{N}\sum_i \| D(G_{\mathrm{UP}}(I_{\mathrm{LR}}^i)) - 1 \|_2 + \\ & \frac{1}{N}\sum_i \lambda_1 \| G_{\mathrm{DW}}(G_{\mathrm{UP}}(I_{\mathrm{LR}}^i)) - I_{\mathrm{LR}}^i \|_2 + \\ & \frac{1}{N}\sum_i \lambda_2 \| G_{\mathrm{DW}}(G_{\mathrm{UP}}(T_{\mathrm{LR}}^i)) - T_{\mathrm{HR}}^i \|_2 + \\ & \frac{1}{N}\sum_i - N_3 \log(\mathrm{Det}_{\mathrm{cls}}(G_{\mathrm{up}}(I_{\mathrm{LR}}^i))) \\ & \frac{1}{N}\sum_i \lambda_3 [u^i \geqslant 1](\mathrm{Det}_{\mathrm{reg}}(G_{\mathrm{UP}}(I_{\mathrm{LR}}^i), t_*^i)\end{aligned} \tag{3-7}$$

$$\begin{aligned}\arg\min_{D^*} & \frac{1}{N}\sum_i \| D(G_{\mathrm{UP}}(I_{\mathrm{LR}}^i)) \|_2 + \| D(T_{\mathrm{HR}}^i) - 1 \|_2) + \\ & \frac{1}{N}\sum_i - \omega \log(\mathrm{Det}\ (G_{\mathrm{up}}(I_{\mathrm{LR}}^i))) + \\ & \frac{1}{N}\sum_i \omega [u^i \geqslant 1]((\mathrm{Det}_{\mathrm{reg}}(G_{\mathrm{UP}}(I_{\mathrm{LR}}^i), t_*^i)\end{aligned} \tag{3-8}$$

3.3 实验与分析

3.3.1 准备工作

1. 数据准备

DLR Munich 数据集[34]是使用 DLR 3K 相机系统在德国慕尼黑上空采集到的，包含 20 张分辨率为 5 616×3 744 的图像，地面采样距离(GSD)约为 13 cm。UCAS-AOD 数据集[42]包括 510 张分辨率为 659×1 280 的卫星影像，但没有给出 GSD 信息。所有图像被随机地分为 410 幅用作训练集和 100 幅用作测试集。根据观察，这个数据集的车辆尺寸通常比 DLR Munich 数据集中的大，但质量却差得多。这两个数据集的关键信息见表 3-4。

表 3-4 数据集的关键信息表

数据集	像素	训练图像	测试图像	训练汽车	测试汽车
DLR Munich	600×600	924	369	10 770	3 304
UCAS-AOD	600×600	3 660	908	24 873	5 700

2. 方法比较

通过与现有最先进的方法进行对比，包括 Faster R-CNN++、YOLOv3、R-FCN、SSD 以及它们与不同超分辨方法的结合，包括基本的双三次下采样、EDSR[32] 的 CycleGANSR 模块。在实验部分提到的 CycleGANSR 模块是指所提出的基于 CycleGAN 的超分辨网络 SRCNN，训练过程中不包括检测损失的反向传递。

3.3.2 实验结果

以下以可视化和定量的数据展示了车辆检测结果。表 3-5 和表 3-6 分别给出了本章方法在 DLR Munich 数据集和 UCAS-AOD 数据集上的检测结果,包括AP、不同IOU阈值下的AP和平均召回率mRecall。首先使用未经超分辨的原始低分图像测试了R-FCN[26]、SSD、YOLOv3和Faster R-CNN++,效果非常不好,其中Faster R-CNN++取得了比其他单阶段方法更好的效果。因此,将Faster R-CNN++与不同的超分辨模块结合来作为本文方法的比较对象。显然,当Faster R-CNN++与CycGANSR模块结合时,检测效果比其他组合更好,说明了本章提出的超分模块的积极作用。另外,本文提出的将超分辨网络与检测网络联合训练的方法在所有指标上都取得了最好的效果,在AP上比第二好的方法高出了5%。当IOU阈值较低时,本文方法的优越性更明显。我们在DLR Munich数据集比在UCAS-AOD数据集取得了更好的检测效果,mRecall除外。这是由于Munich数据集的图像质量较好,误检较少,但仍有可能漏检。一些检测结果示例见图3-6。所有代码都是在caffe2框架和12GB的NVIDIA GeForce GTX1080Ti下搭建实现,平均推断时间是针对大小为200×200的输入给出的。

表3-5 采用Munich DLR数据集结果

方 法	平均精度	平均精度在0.5	平均精度在0.75	召回率均值	时间/s
R-FCN	0.321	0.613	0.303	0.396	0.018
SSD	0.249	0.521	0.212	0.258	0.093
YOLOv3	0.262	0.574	0.186	0.273	0.086
FRCNN	0.342	0.691	0.292	0.362	0.027
FRCNN+Bicubic	0.487	0.795	0.571	0.554	0.078
FRCNN+EDSR	0.450	0.784	0.530	0.538	0.095
FRCNN+CycGANSR	0.541	0.801	0.658	0.628	0.100
Ours	**0.599**	**0.889**	**0.684**	**0.648**	0.101

表3-6 采用UCAS-AOD数据集结果

方 法	平均精度	平均精度在0.5	平均精度在0.75	召回率均值	时间/s
R-FCN	0.316	0.605	0.297	0.391	0.022
SSD	0.264	0.566	0.188	0.286	0.089
YOLOv3	0.281	0.593	0.196	0.311	0.083
FRCNN	0.337	0.682	0.288	0.362	0.029
FRCNN+Bicubic	0.481	0.805	0.526	0.569	0.082
FRCNN+EDSR	0.486	0.804	0.526	0.559	0.097
FRCNN+CycGANSR	0.516	0.804	0.611	0.594	0.099
Ours	**0.572**	**0.885**	**0.637**	**0.653**	0.103

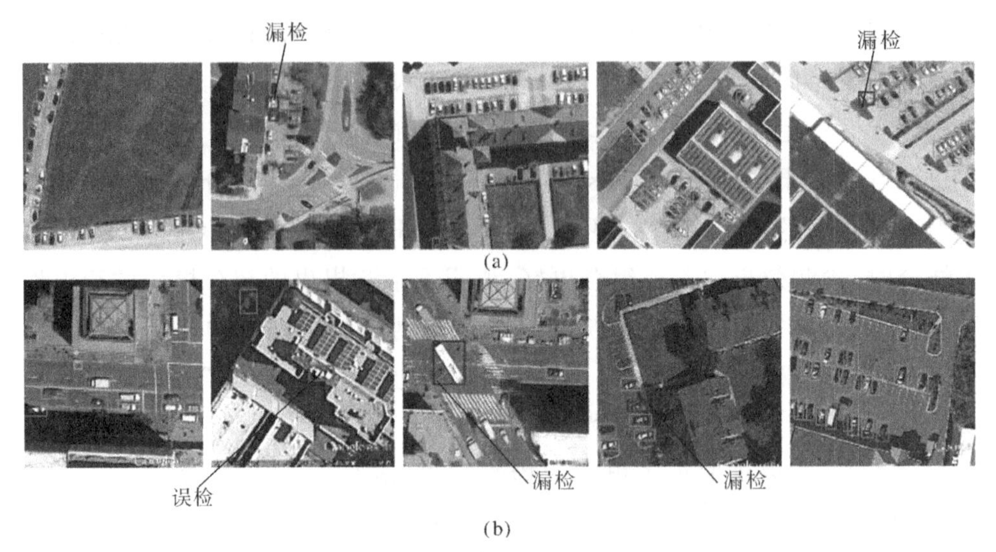

图 3-6　检测结果示例

(a)本文方法在 Munich DLR 数据集;(b)UCAS-AOD 数据集

3.4　总　　结

在本章中,我们以一种端到端的形式同时实现了遥感图像的超分辨和车辆检测。值得一提的是我们的方法不需要提供低/高分辨图像对用作训练,而是采用 CycleGAN 策略,提高了泛化性和适用性,后续我们会继续提高本方法的鲁棒性和泛化能力。

第4章　基于遥感图像车辆检测算法的智慧交通系统研究

4.1　引　言

随着高分辨率遥感影像的日益增多，此类影像中的目标检测越来越受到人们的关注。特别是车辆检测，由于其在交通、安全、军事等领域的各种应用中发挥着重要作用，成为研究的热点之一[43-44,46,52,64]。尽管存在大量工作针对这一任务展开，现有的方法仍然需要实质性的改进来解决高类内多样性和类间相似性的挑战。与日常的车辆图像相比，遥感图像不能完整展示车辆的常见外貌，而是以矩形结构呈现，如图4-1所示。因此，在遥感图像中同样呈矩形结构的其他类别目标，如建筑物顶部的电气单元、空调单元，会使车辆检测任务复杂化并造成许多误检。针对以上问题，研究人员致力于利用现有的基于深度学习的目标检测算法来推动遥感图像车辆检测这方面的成就。

图4-1　车辆图像及遥感图像

(a)日常车辆图像；(b)包含车辆的遥感图像

图中，红框为正确检测示例；黄框为误检示例。

图像中的车辆检测即检测出所有车辆实例并对其进行定位。传统方法通过使用低级的、手工制作的视觉特征（如颜色直方图、纹理、局部模式）和分类器来实现[45,47,51,55,56,61]。首先使用尺度不变特征变换（Scale Invariant Feature Transform，SIFT）检测特征，再根据 SIFT 描述符训练支持向量机（Support Vector Machines，SVM）将这些特征分类为车辆和非车辆。文献[46]利用编码梯度、颜色和纹理局部分布的描述 SVM 来进行车辆检测。综上所述，上述手工制作或基于浅层学习的特征通常计算量大且表达能力有限，检测性能仍有很大的提升空间。

最近深度神经网络（Deep Neural Networks，DNNs）以端到端方式自然地集成了低、中、高级特征和分类器，在基准数据集上的许多模式识别任务中获得了最先进的性能。针对目标检测这一问题 DNNs 也取得了很大的成就，例如基于区域生成的卷积神经网络（R-CNN）[49]、Fast R-CNN[48]、Faster R-CNN[59]和 YOLO。受到这些成就的激励，很多基于 DNN 的航空图像车辆检测算法被提出。文献提出了一种基于残差全卷积网络（FCN）的语义边界感知的统一多任务学习网络用于车辆实例分割。文献[44]提出了一种基于 CNN 的车辆分割、检测和分类的基本流程。在文献[46]中一种基于层次特征图的准确车辆建议网络被提出，用以预测所有的类车目标，并将其输入到车辆属性学习网络中以推理类标签和方向。文献[61]提出了一种可旋转的区域残差网络来检测图像中多方向的车辆。这种基于 DNN 的方法比前面提到的基于特征的手工方法具有更好的性能。另外值得说明的是单阶段 DNN 方法（如 YOLO）对小尺寸目标检测效果较差，因为它依赖于预定义的锚点以便于对感兴趣区域进行估计，从而达到惊人的效率，因此在遥感图像车辆检测中竞争力较低。

本章从网络设计和训练方面对 Faster R-CNN 进行针对性改进，使其应用于遥感图像车辆检测。在代表性数据集上进行广泛的实验，并获得比最先进的方法优越的结果。主要贡献包括以下三方面：首先，我们提出了一个弥补先进的 DNN 技术与遥感图像车辆检测研究之间差距的框架，可以作为本课题的基准。其次，我们提出了基于单应性的数据增强方法，可广泛应用于遥感图像研究，缓解深度学习中数据不足的问题。最后，我们将公布我们的工作代码，包括网络和数据增强部分，以促进本课题的未来发展。

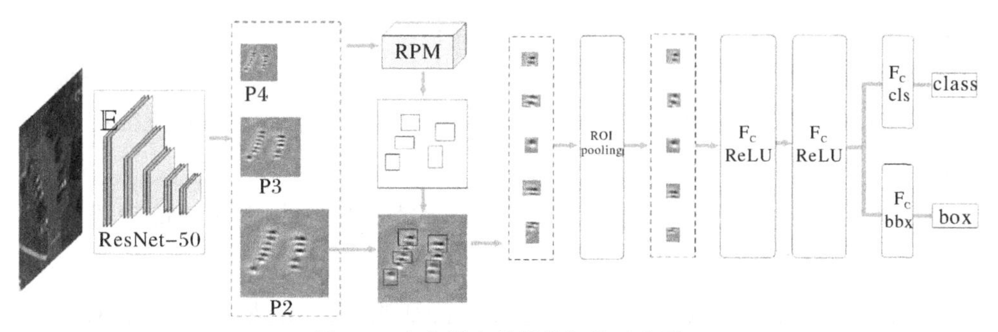

图 4-2　本文提出的网络架构示意图

图中，P2，P3 和 P4 分别是特征金字塔中不同的层，后续被输入到 RPN 中进行区域生成。

4.2　网络构建方法

4.2.1　Faster R-CNN 与特征金字塔架构

Faster R-CNN 是最具代表性的基于区域的目标检测 CNN 网络。与在它之前的相关工作(R-CNN 和 Fast R-CNN)相比，Faster R-CNN 用区域提案网络(Region Proposal Network，RPN)代替选择性搜索来进行区域生成。近来，集成了多尺度特征的特征金字塔网络(Feature Pyramid Network，FPN)[53]的应用对目标检测效果有了显著提升。一种改进的 Faster R-CNN 被提出，记作 Faster R-CNN＋＋，其中应用到特征金字塔来实现多尺度特征融合，在常用的目标检测数据集上相对于 Faster R-CNN在 AP 指标上提升 5%。我们的方法采用了多尺度层级结构，考虑到遥感图像中车辆的尺寸相对较小，对多尺度特征融合进行了专门的设计。

4.2.2　更深层次的特征提取和多尺度特征融合

随着神经网络技术的发展，越来越多的深度网络被应用于特征提取。然而网络深度的不断增加也给训练过程带来了更多困难。文献[50]通过引入深度残差学习框架解决了这一问题。在工作中，使用 ResNet-50 进行特征提取。另外也采用更为复杂的 ResNet-101 作为特征提取网络进行了测试,实验结果在检测精度上仅有1%的提高,却大大增加了计算成本。这是由于遥感图像中的车辆尺寸一般都很小,在较高的网络层中它们的特征可能不再明显。因此从精度和效率两方面考虑,ResNet-50作为特征提取网络是最好的选择。

为了找到所有可能的类车区域用于后续推断,采用加入特殊设计的FPN架构来融合多尺度特征。如图4-3所示,结合特征金字塔的第五(p5)、第四(p4)、第三(p3)和第二(p2)四个层的特征来生成最精细的特征图,用于后续的感兴趣区域(RoI)池化和检测。在区域提案生成中排除了第五卷积层(C5)的输出,是因为考虑到车辆尺寸太小在高层特征图中不明显。在每个用来融合的中间层(P4、P3和P2)中,使用RPN来检测所有可能包含车辆目标的区域。其中RPN在概念上与检测子网的功能相同,但略有不同。P4、P3和P2输出的特征被送入两个并列的卷积层:用于车辆目标定位的边框回归层、用于估计目标是车辆的概率的分类层。在每个位置同时预测k个区域建议,它们被称为锚点。回归分支给出$4k$个输出分别代表看k个边框的4个焦点坐标,分类分支给出$2k$个反映目标是否属于车辆类别的概率。在原始Faster R-CNN中$k=9$,对应于边界框生成中的3个不同尺度和比例的组合,我们对每个尺度的锚点做了特殊设计。在表4-1中,我们列出了我们的方法与其他方法生成的锚点的关键信息。根据分类分支给出的分类得分对所有区域提案进行降序排序,在训练阶段保留得分较高的2 000个区域,在测试阶段保留1 000个。

表4-1　本文的RPN和原始RPN网络的锚点信息表

方法	特征	尺寸	比率	数量
原始RPN	C5	128,256,512	0.5,1,2	9
RPN和FPN	P2	32	0.5,1,2	3
	P3	64	0.5,1,2	3
	P4	128	0.5,1,2	3
	P5	256	0.5,1,2	3
	P6	512	0.5,1,2	3
本文RPN	P2	32,48	0.5,1,2	6
	P3	64,96	0.5,1,2	6
	P4	128,192	0.5,1,2	6

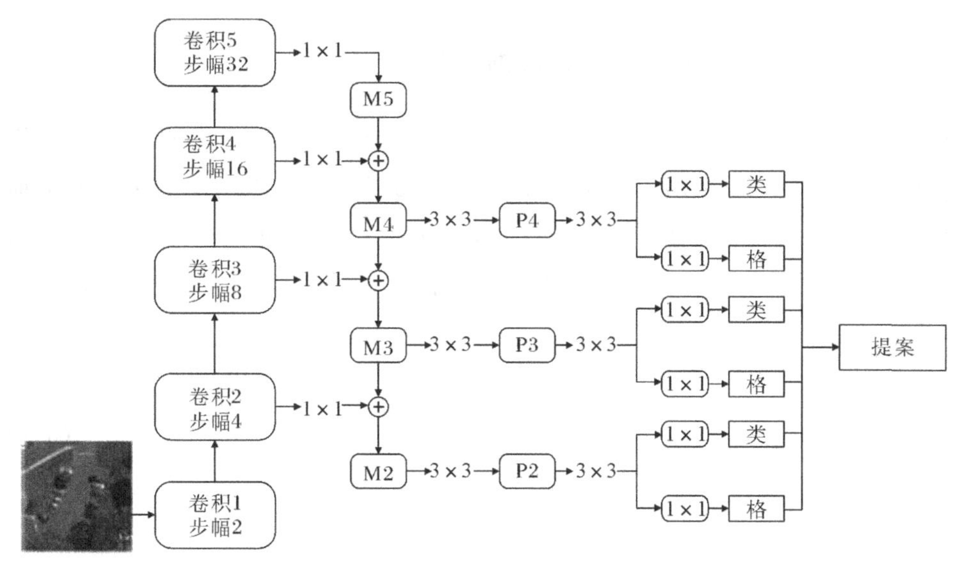

图 4-3　用于区域提案生成的自底向上的特征提取和自顶向下的多尺度特征融合

图 4-3 中，M4，M3 和 M2 是中间层的输出；P4，P3 和 P2 是融合后的特征金字塔的不同层；1×1 和 3×3 分别代表卷积核大小为 1 和 3 的卷积层。

4.2.3　检测分支

如图 4-2 所示，首先进行 RoI 池化，然后依次将池化区域输入到两个全连接层，再经过另外并列的全连接层进行分类和定位，训练采用与 Faster R-CNN 相同的多任务损失如下式所示：

$$
\left.\begin{aligned}
&L(\{p_i\},\{t_i\}) = \frac{1}{N_{\text{cls}}}\sum_i L_{\text{cls}}(p_i, l_i^*) + \lambda \frac{1}{N_{\text{reg}}}\sum_i p_i^* L_{\text{reg}}(t_i, t_i^*)\\
&L_{\text{cls}}(p_i, l_i^*) = -\log(p l_i^*)\\
&L_{reg}(t_i, t_i^*) = \text{smooth}_{L1}(t_i - t_i^*)\\
&\text{smooth}_{L1}(x) = \begin{cases} 0.5x^2 & |x| < 1\\ |x| - 0.5, & \text{其他}\end{cases}
\end{aligned}\right\} \tag{4-1}
$$

这里 i 是一个 minibatch 中锚点的索引，p_i 是锚点 i 代表的区域属于车辆类别的概率。其中真实标签 l_i^* 在锚点为正例时为 1，负例时为 0。t_i 代表预测的边界框四个角点坐标向量，t_i^* 代表与该锚点对应的真实边框的 4 个角点坐标向量。更多关于训练目标函数和相关参数设置的信息详细见文献[59]。

4.2.4 基于单应性变化的数据增强

除了裁剪、翻转和旋转等基本数据增强操作外，还利用单应性变换来进行数据增强。单应变换可以准确捕捉平面场景的方位变化，可以应用于遥感影像(地面平面可近似定义为平面)，模拟从更倾斜视点捕获的数据的情景。如图 4-4 所示，将经过裁剪的图像分别沿 x 轴和 y 轴旋转 $-15°$ 和 $15°$，用数学公式的形式遥感影像的单应性变换可以表示为

$$\boldsymbol{H}_x=\begin{bmatrix}1 & 0 & 0\\ 0 & \cos(\theta_x) & -\sin(\theta_x)\\ 0 & \sin(\theta_x) & \cos\theta_x\end{bmatrix} \tag{4-2}$$

$$\boldsymbol{H}_y=\begin{bmatrix}\cos(\theta_y) & 0 & \sin(\theta_y)\\ 0 & 1 & 0\\ -\sin(\theta_y) & 0 & \cos(\theta_y)\end{bmatrix} \tag{4-3}$$

$$\boldsymbol{q}=\boldsymbol{H}_k*[x_i \quad y_i \quad 0]^{\mathrm{T}}*l_k-/2+[0 \quad 0 \quad l_k-/2]^{\mathrm{T}} \tag{4-4}$$

式中，H_x 和 H_y 分别表示沿着 x 轴和 y 轴的旋转矩阵[见图 4-4(b)]；θ_x 和 θ_y 分别表示两个方向的旋转角度。

在式(4-4)中，(x_i,y_i)是原始图像中像素点坐标，下标 k 可以为 x 或 y，若 k 表示 x 方向则 k^- 为 y 方向，反之亦然，l_x 和 l_y 分别为图像在 x 和 y 方向的尺寸。最后为了得到经过单应性变换后的 2D 图像坐标，我们需要对 q 做归一化处理。给定旋转角度，则可以估计变换矩阵来计算变换后的边界框坐标。如图 4-4(c)～(f)所示，我们得到了变形后具有显著外观差异的车辆及其边界框。

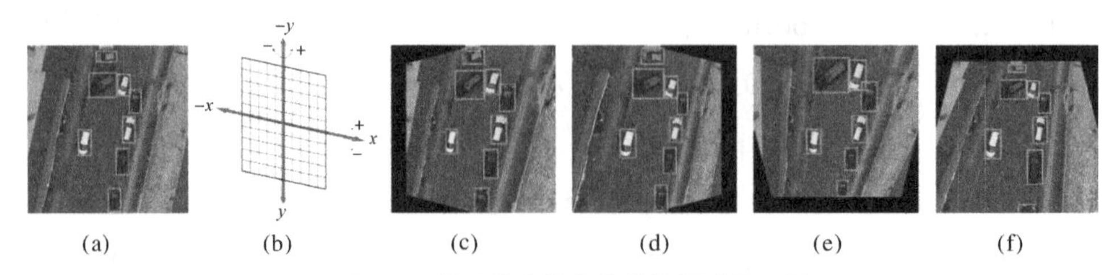

图 4-4 基于单应性变换的数据增强示例

(a)从数据集中截取的原始图像；(b)沿 x，y 轴旋转示意图；(c)沿 y 轴旋转 $-15°$；(d)沿 y 轴旋转 $15°$；(e)沿 x 轴旋转 $-15°$；(f)沿 x 轴旋转 $15°$

4.2.5　代码实现细节

我们采用在 ImageNet 上预先训练的 ResNet-50 模型作为骨干网络，这里选用文献[50]中发布的模型，加入的 FPN 框架与文献[53]相同。我们的网络使用随机梯度下降法（SGD）训练，batchsize 设置为 2。每个数据集训练 12 个 epoch，初始学习速率为 0.002 5，然后在 epoch 8 和 epoch 11 分别除以 10。使用了 0.000 1 的权重衰减和 0.09 的动量。

4.3　实验与分析

为了评估网络性能，我们进行了大量实验并与最先进的方法进行比较。

4.3.1　数据集

DLR Munich 数据集[64]是通过 DLR 3k 相机系统在德国慕尼黑上空采集得到的，包含 20 幅分辨率为 5 616×3 744 的图像，地面采样距离（GSD）约为 13 cm。Potsdam 数据集[72]是在德国波茨坦上空采集的开源语义标注数据集，由 38 张分辨率为 6 000×6 000 的航天 IR-RGB 图像构成，对应的地面采样距离为 5 cm GSD。VEDAI 数据集[69]来自于 Utah AGRC 数据集，地面采样距离为 12.5 cm GSD，我们采用它的一半分辨率 512×512 版本。因此VEDAI数据集中的车辆目标相对其他数据集较小，一般在图像中仅占 10×8 个像素。图 4-5 展示了以上 3 个数据集的一些例图及对应的检测结果，数据集的相关详细信息见表 4-2。

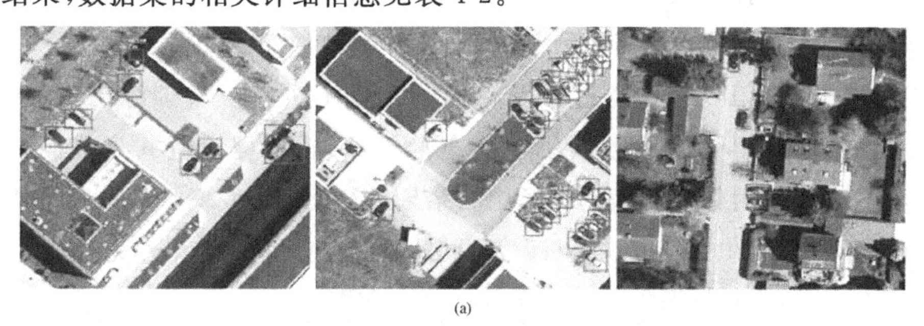

(a)

图 4-5　三个数据集上的检测结果（红框为检测到的车辆）

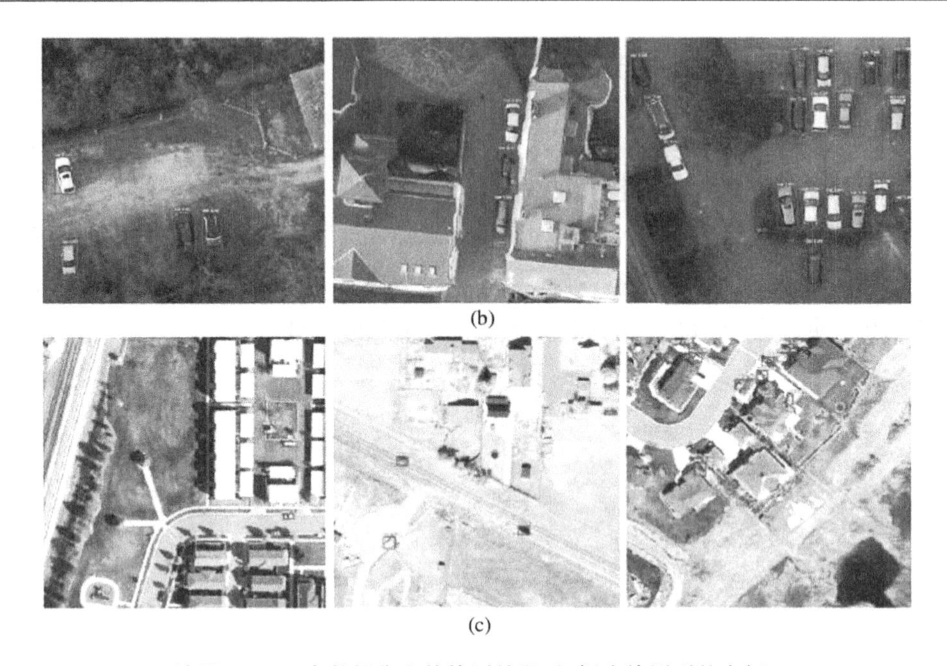

续图 4-5　三个数据集上的检测结果(红框为检测到的车辆)

(a)本文方法在遥感图像数据集 DLR Munich;(b)Potsdam;(c)VEDAI

表 4-2　INFORMATION OF DATA SETS FOR TRAINING AND TESTING

数据集	搜索尺寸	训练图像	测试图像	训练车辆	测试车辆
Munich	600×600	924	3 69	10 770	3 304
potsdam	600×600	3 843	1 225	19 879	5 243
VEDAI	512×512	1 892	600	5 518	1 996

4.3.2　实验结果

我们把我们的方法与最先进的方法进行了比较。在计算机视觉方向,我们选择了在标准数据集上取得了最优效果的 Faster R-CNN++和 YOLOv3 作为对比,并在这些开源代码的基础上进行了重训练;在遥感方向,有些工作给出了这些数据集上的车辆检测结果,但没有共享代码。因此,我们直接使用他们发表的文章中的结果进行比较。我们在每个数据集上独立地运行我们的方法 10 次,以计算不同的指标,使用平均结果作为评价。

DLR Munich 数据集上的结果见表 4-3 和图 4-5(a),我们的方法在所有评价指标上都取得了最优结果,包括 AP、不同交并比(IOU)阈值下的 AP

和平均召回率(mRecall)。表 4-4 展示了我们的方法与遥感方向的方法在检测召回率、准确率和 F1-score 三个不同评价指标上的对比，方法比[77]给出的方法在 F1-score 上提高了 12%。表 4-5 和图 4-5(b)给出了 Potsdam 数据集上的结果对比，由于 Potsdam 数据集的 GSD 值较小，车辆都以较好的外观呈现，所以相对于其他两个数据集所有方法都表现较好，但我们的方法仍然在除 IOU 阈值为 0.5 的 AP 之外的所有指标上都取得了最好的效果。另外如表 4-6 所示，与遥感方向的方法[44]相比，我们的方法在 F1-score 上有 5%的优势。表 4-7 和图 4-5(c)给出了 VEDAI 数据集的对应结果，可以看到 YOLOv3 的性能严重下降，我们的方法在所有指标上都仍然表现最优。

表 4-3　DLR Munich 数据集的计算结果

方 法	输入信息	平均精度	平均精度在 0.5	平均精度在 0.75	召回率均值
YOLOv3	600×600	0.473	0.815	0.514	0.549
YOLOv3	800×800	0.452	0.810	0.457	0.526
Faster R-CNN++	800×800	0.545	0.862	0.630	0.661
Faster R-CNN++	800×800,HF	0.544	0.858	0.620	0.670
ours	800×800	0.547	0.878	0.643	0.652
ours	800×800,HF	0.551	0.876	0.639	0.660
ours	1 200×1 200	0.56	**0.881**	0.646	0.663
ours	1 200×12 00,HF	**0.577**	0.877	**0.645**	**0.671**

表 4-4　DLR Munich 车辆数据集(loU = 0.5)与遥感方法的结果比较

方 法	输入信息	召回率	精度	Fl 成绩
[26]	800×800	0.803	0.787	0.782
[13]	800×800	0.693	0.868	0.77
AVPN_basic[4]	800×800	0.7559	0.859 3	0.80
AVPN_large[4]	800×800	0.7702	0.878 1	0.82
H-Fast[23]	800×800	0.7400	0.862	0.80
H-RPN[23]	800×800	0.783	0.892	0.83
ours	800×800	0.895	**0.916**	**0.905**
ours	800×800,HF	**0.909**	0.899	0.904

表 4-5　Potsdam 数据集的计算结果

方 法	输入信息	平均精度	平均精度在 0.5	平均精度在 0.75	召回率均值
YOLOv3	600×600	0.624	0.903	0.779	0.671
YOLOv3	800×800	0.627	**0.904**	0.758	0.682
Faster R-CNN++	800×800	0.630	0.888	0.764	0.721
Faster R-CNN++	800×800,HF	0.634	0.884	0.756	0.725
ours	800×800	0.662	0.902	**0.793**	0.735
ours	800×800,HF	**0.668**	0.902	0.791	**0.740**
ours	1 200×1 200	0.657	0.897	0.782	0.724
ours	1 200×1 200,HF	0.655	0.897	0.781	0.731

表 4-6　Potsdam 数据集(loU = 0.5)与遥感方法的结果比较

方 法	输入信息	召回率	精度	Fl 成绩
文献[2]	800×800	0.907	0.841	0.870
ours	800×800	0.918	**0.935**	**0.926**
ours	800×800,HF	**0.926**	0.911	0.918

表 4-7　Vedai 数据集的云计算结果

方 法	输入信息	平均精度	平均精度在 0.5	平均精度在 0.75	召回率均值
YOLOv3	600×600	0.309	0.696	0.189	0.382
YOLOv3	800×800	0.259	0.624	11.141	0.330
Faslcr R-CNN++	800×800	0.409	0.764	0.372	0.529
Faste R-CNN++	800×800,HF	0.424	0.823	0.369	0.541
ours	800×800	0.438	0.794	0.403	11.529
ours	800×800,HF	11.449	**0.856**	11.411 2	11.548
ours	1 200×1 200	0.449	0.848	0.427	0.523
ours	1 200×1 200,HF	**0.458**	0.835	**0.457**	**0.573**

基于以上给出的检测效果对比,可以得出我们的方法取得的结果始终比其他方法更好的结论,针对不同 GSD 值的数据集我们的方法都在所有指标上表现得最好。另外,我们的方法对于不同分辨率的测试图像检测效果都很稳定,而其他方法则对输入图像的分辨率很敏感。这种鲁棒性可以归因于单应性数据增强,它提供了尺寸和形状多样的训练样本。

在实验中，所有代码都是在 caffe2 框架、12 GB 的 NVIDIA GeForce GTX1080Ti 上实现的。对于 600×600 大小的输入图像我们的测试时间为 0.079 s，Faster R-CNN++和 YOLOv3 分别需要 0.073 s 和 0.027 s。

4.4 总　　结

在本章中，我们从更好的特征提取、多尺度特征融合和基于单应性的数据增强三方面对 Faster R-CNN 进行了改进，使其适用于遥感图像车辆检测。接下来我们将从以下两方面开展我们的工作：①通过迁移学习来提高模型泛化性；②将我们的方法从目前的目标检测拓展到实例分割。

第5章　基于视觉识别的城市区域限时停车系统研究

5.1 引　言

随着我国城市化进程的不断加快，社会经济发展水平不断提高，超级城市越来越多。与此同时，这些大城市的机动车拥有量也在不断快速增长，随之而来的交通问题已经成为制约城市发展，影响市民生活的一个主要的瓶颈，交通拥挤和停车困难是全球城市道路交通所面临的共同问题。而停车管理效率低下是造成这些问题的重要原因之一[61]。当前，造成城市道路车辆拥堵的主要原因是局部车流量过大、违章停车、停车位供应不足等，尤其是市民政务中心、学校、医院等社会服务机构附近，车流量大、车位需求大、办事车辆无处停放就会在区域内往复行驶寻找车位甚至在路中间违停，从而导致交通阻塞。目前，对于道路两侧划定停车位内停车主要采用免费停放和计时收费的方法进行管理，由此很容易造成部分车辆长时间占用车位，而不能有效发挥路侧临时停车位最大使用效率的问题。美国一些城市采用人工登记路侧临时停车位汽车停放时间的方法提高其使用效率，但是存在费时费力、容易遗漏等问题[67-68]。随着物联网、云计算、大数据等新一代信息技术的发展，智慧交通成为当前解决城市交通问题的主要发展方向[69-72]。针对城市局部区域道路交通问题，本文设计了一种基于视觉识别技术的城市特定区域限时停车系统。

5.2　系统构建

区域限时停车系统主要针对社会服务机构附近区域道路车辆进行管理,包括区域内流动车辆控制子系统和路侧分时停车子系统。采用视觉识别设备对驶入限时区域的车辆进行自动识别并计时,限制车辆在区域内路面停留时间和路侧停车位临时停车时间。当超过规定时间时,发送信息提醒车主,如果继续在限时区域内停留或在路侧停车位停放则进行严厉处罚。从而减少区域内路面流动车辆,提高路侧临时车位使用效率。该系统可以实现无人值守,并与现有的路侧临时停车位管理系统实现有效对接。系统示意图如图 5-1 所示。

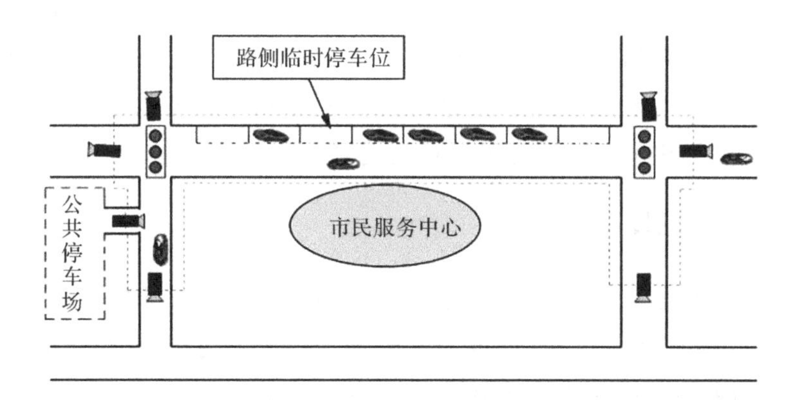

图 5-1　城市区域限时停车系统示意图

5.2.1　系统组成

城市区域限时停车系统包括数据采集模块、数据分析模块和信息发布模块,分别具备驶入驶出限时区域车辆的识别、区域内停留时间与路侧临时停车位停放时间判别、超时车辆信息发布等功能。

5.2.2　数据采集

数据采集分为两部分。第一部分是限时区域所有入口和出口,包括道路、公共停车场,居民区等,安装视觉识别设备,如图 5-1 所示。视觉识别设备自动识别进出限时区域道路的车牌号信息并将数据传送给数据分析模块。第二部分是限时区域内路侧临时停车位的数据信息,可以直接对接现有管理系统。以武汉市为例,当地磁感应到有车辆进入停车位后立即通知管理员,由管理员将车辆信息输入武汉市路内停车管理系统,由该系统将数据传送给数据分析模块。

5.2.3 数据分析

数据分析模块将采集到的数据进行综合分析并做出判断。区域内车辆停留时间数据总体上分为区域内路面停留时间 t 和区域内路侧临时停车位停留时间 T 两部分。区域内路面停留时间 t 以车辆进入限时区域开始计时,车辆驶出限时区域停止计时。车辆驶入限时区域后,如果中途进入区域内路侧临时停车位,则 t 暂停计时,当其离开临时停车位时继续计时。当车辆路面停留累计时间 t 超过规定时间 t_0 时,视为违规。区域内路侧临时停车位停留时间 T 为路内停车管理系统采集的车辆在路侧临时停车位的累积停留时间,当 T 超过规定时间 T_0 时,视为违规。

5.2.4 信息发布

违规车辆的信息通过信息发布平台及时进行发布,当车辆停留接近规定时间,通过路面显示屏滚动显示,同时向车牌登记手机号发送提示短信,提醒车主及时离开限时区域避免受到处罚。

5.3 时间模型

车辆在限时区域路面停留规定时间 t_0 和路侧临时停车位规定时间 T_0 的确定,根据限时区域的性质,分为两种情况。

5.3.1 单一功能机构区域

单一功能机构是指只有一种停车服务需求的社会公共服务机构,以中小学校为例。对于中小学校附近的停车需求主要是上学时间和放学时间家长接送学生，由于这种情况比较特殊，只是早晚各一次短时间内停车集中需求，所以不必区分设定区域内车辆路面停留时间和路侧临时停车位停留时间，只需考虑上学时家长将学生从车上送到学校然后返回的时间和放学时家长将学生从学校接回车上的时间及车辆平均路面行驶时间，则规定停留时间 t_0 为接送学生时间 t_1 加上路面行驶时间 t_2。由于接送学生时间基本是固定的，因此只需收集足够数量的样本，通过数理统计的方法求平均值即可得到接送学生所需平均时间 t_1。因为影响接送学生时间的因素是随机的，分析认为每一个人的接送时间符合正态分布[73-74]，则平均接送时间

$$\overline{t_1} = \frac{1}{n}\sum_{i=1}^{n} t_1 \tag{5-1}$$

标准差：

$$\sigma = \sqrt{\frac{1}{n}\sum_{i=1}^{n}(t_i - \overline{t_1})^2} \tag{5-2}$$

为了保证绝大多数人能够把学生接到车上，确定的接送学生时间 t_1 在平均时间 t_1 的基础上加上方差 3σ，根据正态分布原则可以保证99.865%的人能够完成接送学生。以武汉市某小学下午4:30家长开车接学生放学为例，经过实际调查，对四点半放学铃响到学生上车进行计时，随机抽取50个样本，时间数据见表5-1。

表5-1　放学铃响到学生上车时间统计表

序号	时间/s	序号	时间/s	序号	时间/s	序号	时间/s	序号	时间/s	序号	时间/s	序号	时间/s	序号	时间/s	序号	时间/s	序号	时间/s
1	16	6	15	11	12	16	11	21	13	26	15	31	13	36	15	41	14	46	16
2	12	7	16	12	15	17	16	22	13	27	13	32	16	37	17	42	13	47	14
3	11	8	14	13	14	18	18	23	15	28	15	33	10	38	16	43	15	48	22
4	13	9	15	14	15	19	15	24	17	29	12	34	16	39	15	44	17	49	19
5	16	10	15	15	18	20	17	25	16	30	13	35	15	40	15	45	18	50	31

剔除异常数据50号，经计算可得 $\overline{t_1}=14.94$，$\sigma=2.18$，$t_1=\overline{t_1}+\sigma=21.48$ min。经测量，学校区域入口到出口距离约500 m，按平均车速5 km/h计算，车辆路面行驶时间 $t_2=6$ min，则 $t_0=t_1+t_2=21.48$ min $+6$ min $=27.48$ min≈

28 min，即该限时区域规定停留时间设置为 28 min，可以在保证绝大多数家长可以将孩子接到车上的前提下，避免有人提前在限时区域停留或长时间滞留导致该区域交通堵塞。

对于非阶段性的单一功能机构区域，可以用上述模型计算所得办事时间将其设置为路侧临时停车位规定停留时间 t_0，将车辆行驶时间适当延长设为路面停留时间 T_0，分别进行计时限制。

5.3.2 多功能机构区域

多功能机构是指在一个公共服务机构内办理多项业务，而每一项业务的办理时间都不一样，例如市民中心、车管所、房管局等。对于此类机构需要考虑每一项业务的办理人数所占的比重，所以在建立时间模型时要采用加权平均法。假如某机构主要办理的业务有 5 项，经过调查统计每天每项业务的办理人数为 n_1, n_2, n_3, n_4, n_5，每项业务的平均办理时间为 t_1, t_2, t_3, t_4, t_5，则平均时间的计算公式为

$$t=\frac{n_1\times t_1+n_2\times t_2+n_3\times t_3+n_4\times t_4+n_5\times t_5}{n_1+n_2+n_3+n_4+n_5} \tag{5-3}$$

采集多组数据后，同样地，采用正态分布模型进行计算就可得到该区域合理的规定停留时间。

5.4 结　　论

交通拥挤和停车困难是目前城市发展中迫切需要解决的问题，智慧交通的发展对于解决这一问题具有良好的前景，越来越多城市将智慧交通建设作为其核心组成部分。目前，视觉识别技术的发展和应用已经比较成熟，本章构建的基于视觉识别的区域限时停车系统可以有效地控制重点区域内的车流量，发挥路侧临时停车位最大使用效率。根据区域功能定位建立的规定停车时间模型，可以为最优车辆停留时间的设置提供理论依据，对于缓解目前城市重点拥堵区域的交通问题具有重要的实际意义。

第6章　结合动态概率定位模型的道路目标检测

6.1　引　　言

传统的车辆检测框架主要采用显式模型[75-81]或隐式模型[78-81]，其特征表达均属于基于人工设计的特征表达，很难保证车辆检测的鲁棒性和稳定性，而基于神经网络的特征表达则是基于学习的特征表达，在影像分类和检测中表现出了优异的性能[82-84]。针对现有 R-CNN 系列[85-87]模型和概率定位模型 LocNet[88]的局限，本章提出一种端到端卷积神经网络车辆检测模型 HyperLocNet，通过对候选框生成网络 RPN[88]，改进概率定位模型以及目标识别网络进行联合训练，从而使得各个子任务之间相互协同，提高目标定位和检测的精度，有效解决了目标检测任务中定位信息少、模型不稳定和对小目标检测效果不理想等问题。

6.2　HyperLocNet 车辆检测网络

目标检测包含目标定位和目标识别两个关键问题。针对现有回归定位和概率定位两种定位方法的局限，HyperLocNet 将定位和识别网络融合在同一个网络中共享信息，实现多任务的端到端学习，其模型结构如图 6-1 所示。待检测图像经过基础卷积网络之后得到激活特征图,激活特征图首先进入 RPN 网络产生候选框。RPN 网络与后续检测网络共享基础卷积层的权重,包括候选框坐标回归及前景与背景预分类两个分支。根据每个候选框分类得分进行非极大值抑制操作,训练阶段选择前 2 000 个候选框对后续的检测网络进行训练,测试阶段选择前 300 或 100 个候选框进入检测网络。经过 NMS 筛选得到的候选框被映射至激活特征图,经过 ROI 池化层输出固定尺寸的特征向量,再进入检测网络进行精细定位并分类。

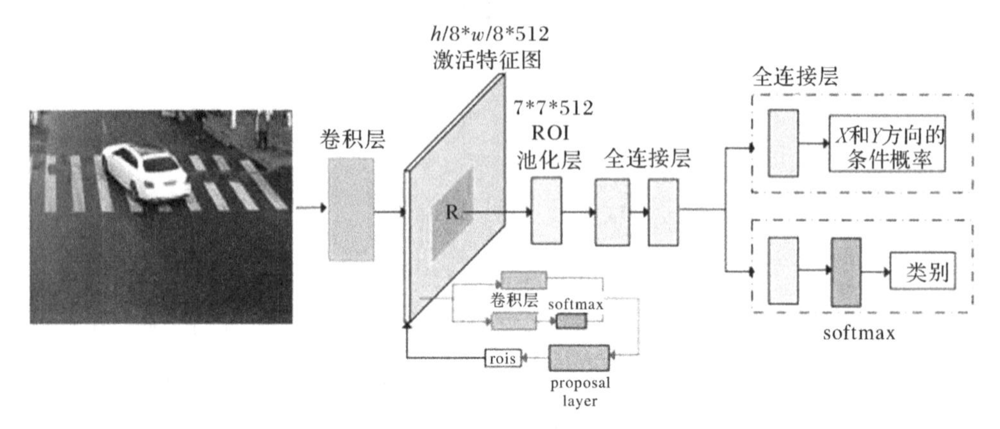

图 6-1　HyperLocNet 检测模型图

不同于 FasterR-CNN 的检测网络和 RPN 采用回归模型进行定位,HyperLocNet 采用的定位模块提供了关于目标位置的条件概率,使得模型的稳定性更好,以处理多个目标彼此接近的情形。对于小目标的检测需要更多的细节语义信息,而深层卷积网络由于池化层的原因,特征图尺寸不断减小,对细节语义信息响应不明显,HyperLocNet 改变 VGG16 的 pool/4 池化层的参数,使得 conv4_3 经过池化层后尺寸不变,即将步长(stride)由 16 变为 8,特征图尺寸缩小为检测图像的 1/8,以适应小目标的检测。

HyperLocNet 在目标定位模块中将 X 和 Y 两个分支的任务融合到一个分支中,舍弃了原来模型目标定位模块中的多个卷积层和池化层。通常在卷积网络架构中的连续卷积层之间插入池化层,池化层使用 Max Pooling 操作,在保证深度维度不变的前提下,减小了网络特征向量的尺寸,从而保证了特征的尺度和旋转不变性。但是目标定位任务对尺度和旋转非常敏感,尤其是检测小目标时,几个像素的移动就会导致最终的定位结果偏差很大。LocNet 模型中 ROI 层之后的池化层可能会丢弃用于精确定位的关键信息，故 HyperLocNet 在 ROI 层之后直接通过全连接层提取位置信息，即 X 和 Y 方向的条件概率，从而保证从激活特征图传递出来的信息的完整性。而基础卷积层中的池化层已经可以保证特征的尺度和旋转不变性，使得检测模型的识别模块具有较强的泛化性和稳定性。

在对目标进行精确定位时，LocNet 要求初始候选框包含目标框，当该条件不满足时，其定位误差比回归模型大。图 6-2 是概率定位模型与回归定位模型的比较，其中黑色框为概率模型搜索区域，黄色框为初始候选框，红色框为回归模型定位结果，蓝色框为概率模型定位结果，黄色箭头表示回归模型将候选框逼近目标框的过程。如图 6-2(a)所示，当目标在初始候选框之外时概率模型不能准确定位，而回归定位模型无论初始候选框是否包含目标框，都可以使候选框逼近目标框。如图 6-2(b)所示，当目标处在搜索区域中时，概率模型可以更加精确地定位。针对两种定位模型的特点，HyperLocNet中 RPN 采用回归模型定位生成距离目标比较近的候选框，后续检测网络采用概率模型对 RPN 候选框进行精细定位提高定位精度。

(a)

(b)

图 6-2　概率定位模型与回归定位模型的比较

(a)目标在初始候选框之外；(b)目标在初始候选框内

HyperLocNet 可以单独输出边界概率和边界内外概率，也可以同时输出二者的组合概率。边界概率和边界内外概率的基本形式为

$$p^{*}=\{p(i|R,c)\}Mi=1$$

表述为在区域 R 内，任意行或者列是第 c 类的边界的概率(或者在第 c

类的边界内的概率),图 6-3 是两种概率定位示意图,其中青色框为原始候选框,黄色框为将原始候选框放大一定范围得到的搜索区域,蓝色框为目标实际边界框。图 6-3(a)表示边界内外概率,即搜索区域内的行列在目标边界内的条件概率;图 6-3(b)表示边界概率,即搜索区域内的行列为目标边界的概率。通过试验发现由于本文检测目标为小目标,检测难度大,单独采用边界概率定位效果不佳,而采用组合概率时间开销比较大,定位结果改善不明显,因此本文仅考虑边界内外概率的作用。

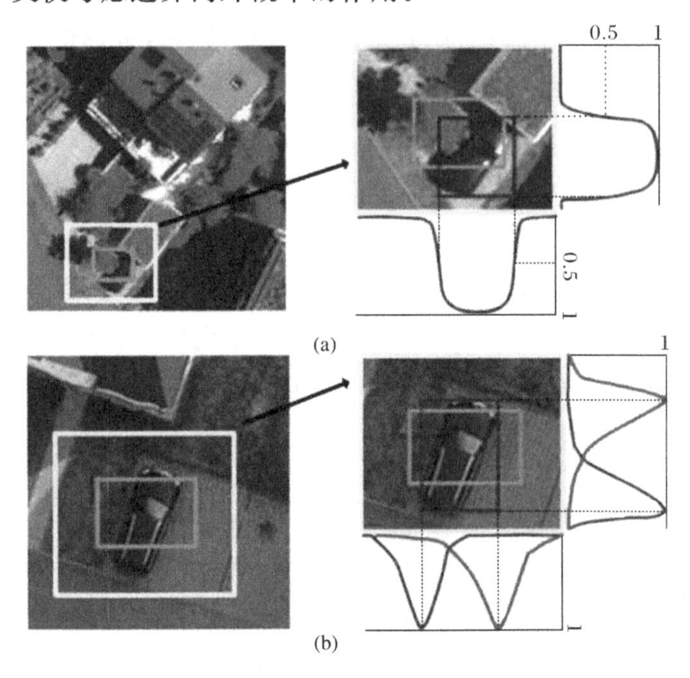

图 6-3 概率定位模型示意图

(a)边界内外概率;(b)边界概率

6.3 HyperLocNet 网络损失函数

本文提出的检测网络以 VGG16 为基础,以 ImageNet 上训练的图像分类模型为初始权重。在概率定位模型中,对于 N 个候选框训练样本$\{(R_i, T_i, c_i)\}N_i = 1$,定位损失为

$$L_{\text{loc}}(\theta)=\frac{1}{N}\sum_{i=1}^{N}l(\theta\mid R_i,T_i,c_i)=\frac{1}{N}\sum_{i=1}^{N}\sum_{*\in\{x,y\}}\sum_{m=1}^{M}T(m)\log(p(m))+$$

$$\overline{T}(m)\log(\widetilde{p}(m)) \tag{6-1}$$

其中，$\widetilde{p}(m)=1-p(m)$，θ表示网络学习参数，$l(\theta\mid R_i,T_i,c_i)$ 表示每一个训练样本的二元逻辑回归损失(binary logistic regression loss)。

HyperLocNet 模型后续检测网络的多任务损失函数为

$$L_{\text{RPN}}(\theta)=L_{\text{cls}}(\theta)+\lambda L_{\text{reg}}(\theta) \tag{6-2}$$

式(6-2) 中 $L_{\text{c}}\text{ls}(\theta)$ 表示所有类别的分类损失，$L_{\text{l}}\text{oc}(\theta)$ 为式(6-1) 表示的定位损失。只有前景才产生定位损失，其中 λ 设为 1。

HyperLocNet 中的 RPN 的多任务损失为

$$L_{\text{RPN}}(\theta)=L_{\text{cls}}(\theta)+\lambda L_{\text{reg}}(\theta) \tag{6-3}$$

式(6-3) 中第一项为前景和背景的分类损失，第二项$L_{\text{reg}}(\theta)=\frac{1}{N}\sum_{i=1}^{N}l(\theta\mid t,t^*)=\frac{1}{N}\sum_{i=1}^{N}R(t-t^*)$ 表示定位回归损失，其定义和 FastR-CNN 中定义相同。$t^*=(t_x^*,t_y^*,t_w^*,t_h^*)$ 表示 RPN 的预测向量，$t=(t_x,t_y,t_w,t_h)$ 代表 RPN 训练目标向量，其定义为

$$\left.\begin{aligned}t_x&=\frac{(G_x-P_x)}{P_w}\\t_y&=\frac{(G_y-P_y)}{P_h}\\t_w&=\log(G_w/P_w)\\t_h&=\log(G_h/P_h)\end{aligned}\right\} \tag{6-4}$$

$P=(P_x,P_y,P_w,P_h)$ 表示初始候选框在检测图像的中心坐标位置和长、宽。$G=(G_x,G_y,G_w,G_h)$ 代表原标记框(ground-truthbox) 在检测图像的中心坐标位置和长、宽。训练 RPN 时，式(6-3) 的 λ 设置为 3。

综合式(6-3) 和式(6-4)，HyperLocNet 训练过程中总的损失为

$$L(\theta)=L_{\text{detec}}(\theta)+L_{RPN}(\theta) \tag{6-5}$$

6.4 试验与分析

6.4.1 试验数据与训练参数设置

为了验证本文提出的 HyperLocNet 检测模型的效果，制作了自定义的道路车辆目标数据集 TVOWHU 进行检测试验，并将文献[101-107]中的几种方法应用在该数据集上，与 HyperLocNet 检测结果相比较。TVOWHU 数据集由分布在车流量较大的十字路口处的监控相机采集的视频流中随机采样得到的 826 幅平均大小为 601×395 的图像组成，仿照PascalVOC的形式，以 JPEG 格式呈现。其中 707 个样本作为训练数据，其余 119 个样本作为测试数据。训练 HyperLocNet 时，RPN 中检测框与 ground-truth 的交叠率大于 0.4 的为正样本，小于 0.3 的为负样本，后续检测网络中，交叠率大于 0.4 的为正样本，在 0.1～0.4 之间的为负样本。表6-1展示了 LocNet 和 HyperLocNet 检测模型的训练参数设置。LocNet 检测模型分别训练了识别网络和定位网络，识别网络为去掉定位部分的FastR-CNN网络。

表 6-1 LocNet 和 HyperLocNet 检测模型的训练参数设置

检测模型	学习率方法		初始学习率		权重衰减参数		学习率衰减步长		最大迭代次数	
	识别	定位	识别	定位	识别	定位	识别	定位	识别	定位
LocNet	step	step	0.01	0.01	0.000 5	0.000 05	30 k	60 k	40 k	150 k
HyperLocNet	step		0.01		0.000 5		50 k		70 k	

6.4.2 检测结果比较与分析

图 6-4 为不同检测模型在 TVOWHU 数据集上的 Recall-IoU 曲线，可以看出 HyperLocNet 的检测效果始终优于 Faster R-CNN。当 IoU＞0.5，候选框数量为 300 时，HyperLocNet 的召回率为 71.5%，Faster R-CNN 的召回率为 62.5%。与 YOLO-v2 相比，IoU 较低时，HyperLocNet 的检测效

果更好，当 RPN 产生 300 个候选框时，HyperLocNet 在 IoU>0.5 和 IoU>0.65 时召回率比 YOLO-v2 分别高出 15%和 5%。

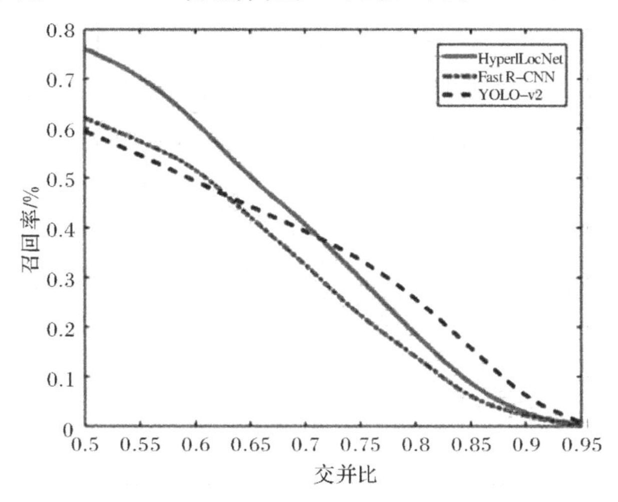

图 6-4　不同检测模型在 TVOWHU 数据集上的 Recall-IoU 曲线(Proposals=300)

表 6-2 为 TVOWHU 数据集的整体检测结果，表中 AP 表示平均检测精度(Average Precision)。LocNet 在 PASCAL 数据集上试验时，采用多次迭代的方法提高检测效果，最终确定迭代次数为 4 次。在试验中发现，对 TVOWHU 数据集，最多迭代 2～3 次就可以达到最好的检测效果。对于 Selective Search 产生的质量较高的候选框，当数量较多，为 1 000 时，只需迭代 1 次即可，数量较少，为 300 时，需迭代 2 次；对于 Sliding-window 产生的质量较低的候选框，当数量较多，为 1 000 时，需迭代 2 次，当数量较少，为 300 时，需迭代 3 次。但即使由 Selective Search 产生 1 000 个候选框，LocNet 的 AP 与 HyperLocNet 相比仍然有较大差距。比如 RPN 产生 50 个候选框，IoU>0.5 时，HyperLocNet 的 AP 为 57.7%，而 LocNet 的 AP 仅为 49.5%。文献[104]和[107]采用手工设计特征识别车辆，只考虑了 IoU>0.5 的情况，与之相比 HyperLocNet 的 AP 整体高出 10%，由此可以看出卷积神经网络的特征表达能力更强。与 LocNet 相比，HyperLocNet 检测效果更好，说明网络联合训练、共享权重可以使得识别和定位两个任务相互促进。与 R-CNN 系列模型相比，HyperLocNet 的优势很明显，说明概率定位模型应

用在目标检测框架中可以提高检测性能。虽然 IoU>0.5 时，HyperLocNet 的 AP 略低于 YOLO-v2[83]，但值得说明的是，当 0.5<IoU<0.7 时，HyperLocNet 的 AP 始终在 30%～60%之间，而 YOLO-v2 在 IoU>0.7 时 AP 已经为 23.6%。这一结果表明在 IoU 较低时 HyperLocNet 模型更为稳定，在这种条件下，随着在 IoU 增大时，检测效果没有急剧下降。

表 6-2　TVOWHU 测试结果

检测模型	定位模块	候选框产生方式	AP			
			1 次迭代		2 次或 3 次迭代	
			IoU>0.5	IoU>0.7	IoU>0.5	IoU>0.7
LocNet	概率模型	SW-1k	0.379	0.119	0.446/2 代	0.446/2 代
		SW-300	0.207	0.013	0.258/3 代	0.357/3 代
		SS-1k	0.495	0.219	—	—
YOLO-v2	回归模型	SS-300	0.323	0.096	0.573/2 代	0.339/2 代
		—	0.584	0.236	—	—
FasterR-CNN	回归模型	RPN-50	0.493	0.218	—	—
		RPN-100	0.493	0.217	—	—
		RPN-300	0.492	0.214	—	—
HyperLocNet	概率模型	RPN-50	0.577	0.311	—	—
		RPN-100	0.579	0.308	—	—
		RPN-300	0.578	0.307	—	—
文献[102]	—	—	0.460 3	—	—	—
文献[103]	—	—	0.478 7	—	—	

表 6-3 为各检测模型处理一张图片所用的时间，括号内为每秒处理的图片容量。这里所示的均为所有检测情况下检测效果最好结果的运行时间，比如 LocNet 模型由 Sliding-window 提供 1 000 个候选框时，迭代 2 次效果最好。由表 6-3 可以看出端到端模型的检测时间最短，HyperLocNet 可以达到 13 帧/s，完全具有实时处理的潜质，今后我们也将继续探索，在保证检测效果的前提下，提高检测效率。除文献[89]和[90]的检测模型外，HyperLocNet、LocNet、FastR-CNN 模型均基于 caffe 深度学习框架，YOLO-v2 基于 DarkNet 深度学习框架，在 GeForceGTX 1080Ti 上运行。

表6-3　TVOWHU测试时间

框架名	计算时间	框架名	计算时间
LocNet/SW-1 k	0.953 s(0.327 MB/s)	LocNet/SS-1k	0.546 s (0.571 MB/s)
LocNet/SW-300	0.385 s(0.809 MB/s)	LocNet/SS-300	0.327 s (0.953 MB/s)
Fast R-CNN/SW-1 k	0.119 s(2.618 MB/s)	Fast R CNN/SS-1 k	0.117s(2.663 MB/s)
Fast R-CNN/SW-300 k	0.068 s (4.581 MB/s)	Fast R-CNN/SS-300 k	0.066 s (4.720 MB/s)
HyperLocNet/RPN-300	0.091 s(3.423 MB/s)	HyperLocNet/RPN-100	0.078 s (3.994 MB/s)
HyperLocNet/RPN-50	0.074 s(4.210 MB/s)	YOLO-v2	0.009 s (33.53 MB/s)
文献[102]	0.03 MB/s	文献[103]	0.035 MB/s

6.4.3　检测结果可视化

图6-5展示了HyperLocNet和其他几种检测模型在TVOWHU数据集上的检测结果，其中绿色箭头所指为漏检或者定位框误差较大的情况。即使在车辆分布密集，车身目标小，车辆目标相互之间有重叠的情况下，HyperLocNet的检测结果依然比较好。其他几种检测模型有不同程度的漏检，或者有定位框位置不准确等问题。在车辆分布较密集的区域，HyperLocNet只有一处出现一个漏检，其他检测框架出现漏检的情况较多，而且FastR-CNN的多个定位框的位置误差较大。

图6-5　检测结果

续图 6-5 检测结果

(a)ground-truth;(b)HyperLocNet;(c)LocNet;(d)Fast R-CNN;(e)YOLO-v2

从 TVOWHU 数据集检测结果来看,本文提出的 HyperLocNet 检测模型对于小目标的检测效果比 R-CNN 系列模型和 YOLO-v2 的检测效果好。造成这种差距的原因,首先是概率定位模型在稳定性方面发挥了优势,对于大目标和小目标,训练阶段和测试阶段输出的条件概率都在 0～1 之间,保证了模型的稳定性,使得对大目标和小目标的检测效果都很好;其次是在 HyperLocNet 检测网络中,定位和识别都采用了概率模型,这更有利于多任务学习中两个任务相互促进、相互制约,从而提高整个模型的稳定性和泛化性能;最后是在概率定位模型中,搜索区域 R 是以候选框为中心并将其放大的特定区域,放大候选框,将目标周围的背景信息融入其中,也是一种特征融合的过程,有利于改善模型性能。

6.5 结　　论

本章提出一种新的基于视频流影响的道路车辆目标检测框架 HyperLocNet,实现端到端检测,并达到 13 帧/s 的处理速度。为解决基于 CNN 的目标检测框架中使用回归模型定位输出信息较少,定位精度受限的问题,利用改进概率定位模型输出条件概率,提供更多有用的关于目标位置的信息,使检测模型更加稳定。进一步,本文将目标识别和目标定位融合在一个深度学习网络中,使得识别和定位任务共享卷积层和两个完全连接层的计算,降低了计算成本。在这个多任务模型中,识别和定位任务相互促进,使得检测性能比 LocNet 大大提高。在自定义的 TVOWHU 道路目标数据集中,本章提出的模型检测效果比广泛使用的 FasterR-CNN 和 YOLO-v2 等方法有了明显提高。

第7章　危险边坡智能监测及预报警综合系统的构建

7.1　引　　言

我国铁路、高速公路和城市高架已进入高速发展时代，为中国经济的发展提供了强大的支撑，与此同时线路安全也成为一个迫切需要解决的问题。由于这些线路沿线地形复杂，路侧边坡的防护和监控成为交通安全中不可忽视的问题[95]。针对路侧边坡的安全监测，传统的方式是人工巡查[96]。该方式的检测存在较大误差、难以做到对灾害的预测，而且易受天气的影响。由于人工检查劳动强度大，因此对路侧边坡的监测和预警的智能化是发展的要求[97-98]。目前，已经有很多研究机构和企业对边坡监测和预警做了大量工作。在文献[99]中，比较了几种不同的激光扫描方法监测边坡的变化，可以不定期地对边坡进行检测。在文献[100]中基于地面激光扫描仪和全球导航卫星系统，构建了一种监测冻土边坡变形的系统，解决了冻土边坡中灾害预测问题。这些系统的主要特征是结构复杂、实施条件要求高、现场安装难度大，另外造价昂贵，难以在条带状分布的公路和轨道工程中推广应用，而且对异物入侵路面的情况也不能解决。为做到“预防为主、综合防护、实时监控”的安全要求，本研究采用激光扫描技术与光纤光栅传感技术相结合的方式，通过对边坡内部形变和路面或轨道异物入侵的监测，对边坡落石、树木倾倒、车上落物及滑坡进行预警和报警。

7.2　系统技术方案

7.2.1　系统概述

危险边坡智能监测及预报警综合系统是以激光雷达技术和光栅传感技术为核心，集光电技术、计算机软件技术、信息处理技术、控制技术和通信技术于一体的自动监测报警系统。系统融合多传感器数据，以主动预报和实时监控报警的方式，实现对高危路段边坡的全方位监测。系统能全天候24 h不间断工作，能有效排除行车、行人、动物等因素的干扰，准确判断落石灾害。

7.2.3　系统组成

危险边坡智能监测及预报警综合系统由 1 个监控中心、1 个现场监控中心和 4 个功能模块构成，分别为：监控中心、现场监控中心、激光扫描监测功能模块、边坡监测功能模块、视频监控功能模块和 GNSS 时间同步功能模块。系统组成如图 7-1 所示。

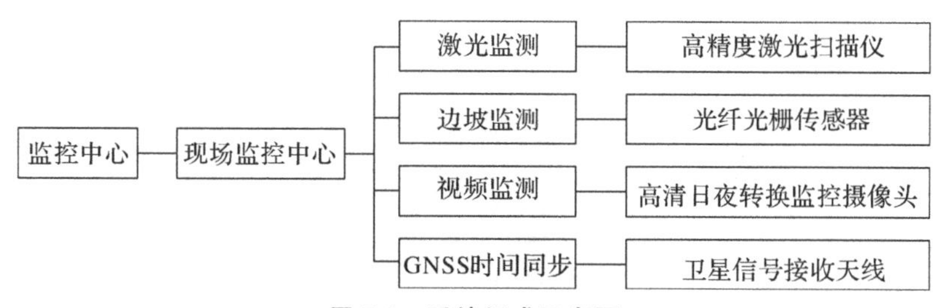

图 7-1　系统组成示意图

监控中心主要由服务器、监测终端等组成，实现系统状态监控、系统参数设定、报警信息显示、报表统计与打印等功能。

现场监控中心主要由高性能工控机、光纤交换机等组成，实现对多功能模块报警信息的融合，搜集系统状态数据并向监控中心反馈，控制现场报警装置等功能。

激光监测功能模块主要由高精度激光扫描仪和工控机等组成，实现对危险边坡旁路面或城市交叉路口的实时监测，在限界区域内发现满足报警条件的异物时发送报警信息。

边坡监测功能模块主要由光纤光栅传感器、光纤光栅解调仪等设备组成，实现对边坡落石、滑坡的预警和报警。

视频监控功能模块主要由高清日夜转换监控摄像头、摄像机杆组成，完成对监控现场的实时高清影像监控。

GNSS时间同步功能模块主要由同步控制授时单元和多个同步控制接收单元组成，实现系统内部的精确对时，保证系统的稳定性。

7.3 扫描监测功能模块

激光扫描监测功能模块(见图7-2)主要由激光监测单元、智能分析单元、集成监测监控单元、系统保障单元、精密调平装置等组成。激光扫描监测功能模块作为系统的感知部分，安装在距线路中心大于2 700 mm的合适位置。单套激光扫描监测功能模块能够覆盖直径3 8m的半圆区域，布置在边坡对侧的通信杆附近。

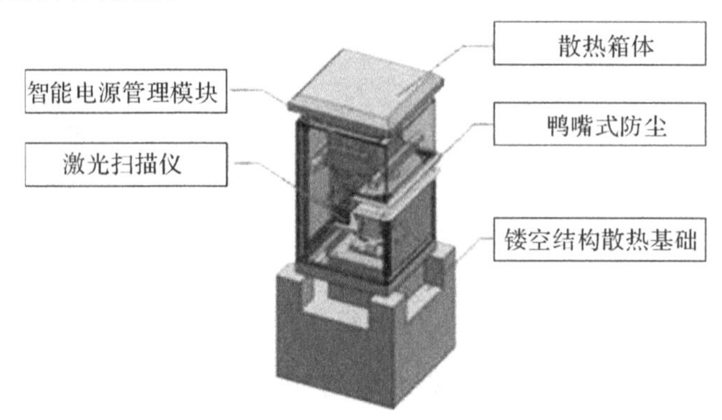

图7-2 激光扫描监测功能模块结构图

7.3.1 激光扫描监测单元

激光扫描监测单元利用激光雷达技术对监测范围实施高频率扫描，实时获取高频率、高精度的激光测量数据，为系统其他单元提供数据支撑。激光扫描仪的主要技术参数见表 7-1。

表 7-1　激光扫描仪参数

技术指标	扫描频率	扫描角分辨率	扫描范围	扫描半径	激光二极管波长
数值	25 Hz	0.25°	0°～180°	38 m	905 nm

7.3.2　智能分析单元

智能分析单元对实时获取的高精度激光测量数据进行智能分析，实现对落石的快速判别和定位，并发送报警信息及报警时的激光扫描仪数据。

智能分析单元的处理任务为：对高频率高精度激光测量数据进行实时智能分析，按照预设的参数进行判断，区分行人、奔跑的动物、运动的汽车、倾倒的树枝、车上落物和落石等，根据系统的分析和判断，当达到报警条件时发出报警信息。若投影长度大于 200 mm、高于地面 70 mm 的物体落于路面上，自动监测系统则发出实时报警，维护人员迅速到达现场处理落石险情。主要技术参数见表 7-2。

表 7-2　智能分析单元主要技术参数表

技术指标	报警高度条件	报警长度条件	报警响应时间	漏报率	误报率
数值	>70 mm	>70 mm	10 s	0%	≤20%

7.3.3　集成监测控制单元

集成监测控制单元由温度控制单元、智能监测单元、保护单元和通信单元组成，采用电路鲁棒性设计，确保集成监测控制的稳定可靠。电源部分采用防浪涌、低功耗和双保险设计，提供稳定可靠的电源，保证系统的正常运行。其功能框图如图 7-3 所示。

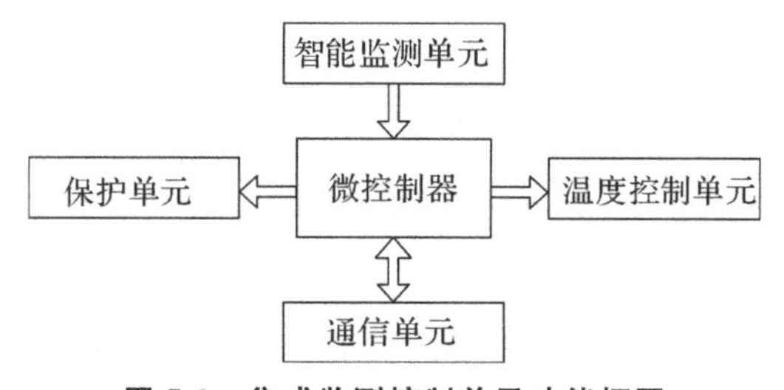

图 7-3　集成监测控制单元功能框图

智能监测单元实现对系统内温度的监测、输入交流电通断的监测和设备工作状态的监测。该单元实时监测系统内的温度变化，并根据系统内的温度来判断是否启动或停止温控设备；实时监测输入交流电，在输入交流电断路时，及时发送报警信息；实时监测设备工作状态，当设备实际工作状态与控制状态不一致时，及时发送报警信息。温度控制单元采用双保险设计，保证能够有效控制温控设备对系统的温度进行控制。保护单元有防雷、防静电保护电路的设计和自检功能的设计，确保系统能够在极端恶劣的天气环境下正常运行。通信单元采用双路 RS232 通信方式，确保通信的连续性。集成监测控制单元主要参数见表 7-3。

表 7-3　集成监测控制单元主要参数

技术指标	测温范围	测温精度	通信方式	电流监测精度	交流电监测范围	工作温度
数值	−22～125℃	±0.5℃	双路 RS232	±5 mA	90～300 V	−40～85℃

7.3.4　精密调平装置

设计实现多自由度的精密调平装置，能够简单快速地调整激光扫描仪，使扫描平面与路面或轨道面平行。精密调平装置角度调节精度达到 0.003 0。

7.3.5 激光扫描自动监测软件

激光扫描自动监测软件的主要模块框架结构如图 7-4 所示。

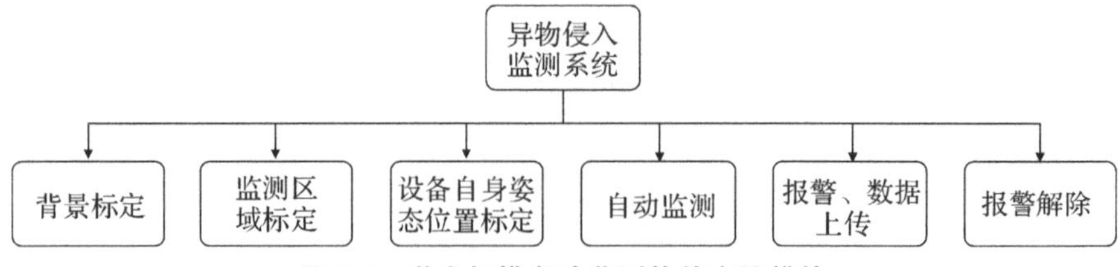

图 7-4　激光扫描自动监测软件主要模块

(1)背景标定。获取扫描区域背景数据并进行均值滤波。背景标定可分为静态标定和动态标定两种。静态标定是指在标定过程中需要保证标定区域没有运动物体的干扰，区域内所有物体保持静止状态，在室外的道路环境中较难实现，需要的时间较短。动态标定是指在标定过程中可以允许运动物体的干扰，没有特殊要求、易于操作，因为干扰的不确定，标定所需时间较长。静态标定适合初次安装标定，动态标定适合后期通过远程控制标定，便于周期性的标定参数修正操作。

(2)监测区域标定。获取监测区域距离监测面约 7 m 处的断面在激光扫描仪扫描区域内的激光点云数据，对其进行均值滤波后保存为监测区域的标定数据。在监测区域标定过程中，使用监测区域标定板在监测区域按路面车辆行驶方向的投影，缓慢通过激光扫描仪的扫描区域，软件记录并整合标定板在通过扫描区域时的激光点云数据、整合后的激光点云数据，经过滤波等计算后保存为监测区域标定数据。可以按照由近及远的顺序标定多条限界。

(3)设备自身姿态位置标定。在激光扫描监测功能模块安装标定完毕后，激光装置姿态位置变化会直接影响到激光测量数据的精度，可能导致激光数据的分析出现错误，严重影响到系统的稳定性和可靠性。在系统标定过程中，在扫描区域内放置一个定制的标定板，记录激光装置测量的标定板数据作为参考数据。系统运行时，对每一帧的激光测量数据逐点分析，对比标定板的参考数据，监控误差。当标定板的激光测量数据与参考数据不完全一致时，确认激光装置姿态位置出现变化，软件自动重标定，重新获取系统标定数据，提高系统的可靠性。

(4)自动监测。监测识别区域内的障碍物，获取障碍物的大小、方向、位置。

(5)报警、数据上传。发送报警信息，并将报警期间的激光点云数据上传到现场控制中心。

(6)报警解除。接收外部输入的报警解除指令，停止发送报警信息，重新完成动态标定后再启动自动监测功能。

7.4　边坡监测预警功能模块

边坡监测功能模块由边坡落石监测单元、边坡内部形变监测单元、系统保障单元构成，包括光纤光栅传感器、光纤光栅波长解调仪、计算机、连接光缆、传输光缆、续接盒/终端盒等设备。光纤光栅传感器通过连接光缆串接，通过波分、时分和空分复用形式连接组网,由传输光缆连接到监控室内的光纤光栅波长解调仪,解调仪将传感光波长信号解调为电信号,由计算机通过有线或无线方式发送到远程计算机(或互联网)。系统组成如图 7-5 所示。8 通道光纤光栅波长解调仪如图 7-6 所示。主要技术参数见表 7-4。

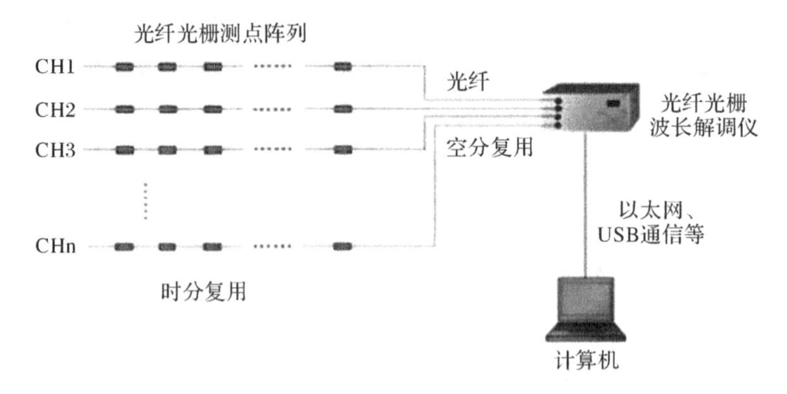

图 7-5　光纤光栅传感监测系统组成

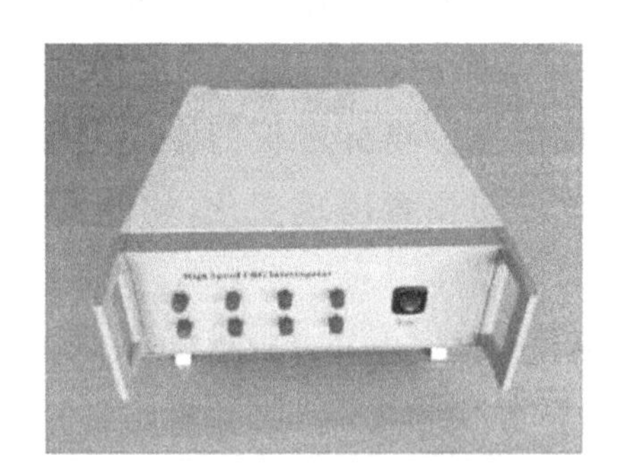

图 7-6　8 通道光纤光栅波长解调仪

表 7-4　GS-YB-FBG-Ⅰ型光纤光栅解调仪的主要技术参数

技术指标	波长范围	重复精度	分辨率	采集速度	通道数量	光学接口	供电电源
数值	1 558 ~ 1 610 MHz	50 Ω	右旋圆极化(RHCP)	≤2.0 MB/s	≤1.5 dBi	≤1.5 dB	≤1.5 VDC

7.4.1　边坡落石监测单元

根据边坡现场勘查,选择有利的位置安装搭载光纤光栅拉力传感器的被动柔性防护网,由于锚拉绳为被动柔性防护系统的主要受力部件,可以将光纤光栅拉力传感器与锚拉绳串接，如图 7-7 所示。当巨石撞击防护网时，锚拉绳受到巨大冲击力，拉力传感器可测量冲击力的大小，而且可以根据受到冲击前后的拉力状态来判断防护网是否受到破坏。光纤光栅拉力传感器在柔性被动防护网上的布置示意图如图 7-7 所示。

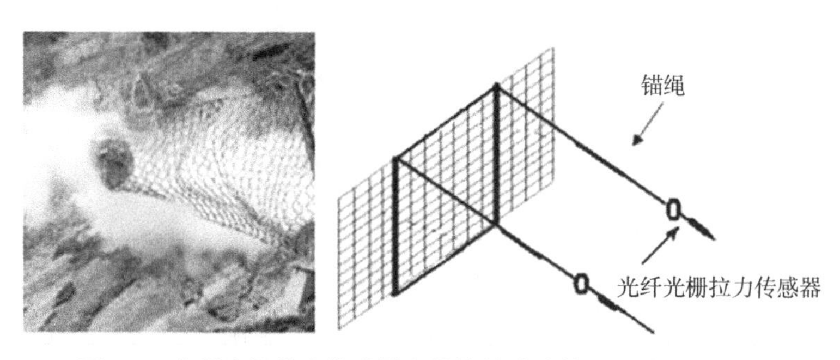

图 7-7　光纤光栅拉力传感器在柔性被动防护网上的布置示意图

光纤光栅拉力传感器(见图 7-8)串接安装于防护网的锚绳上，可用于上拉和侧拉锚绳、上支撑绳和下支撑绳的拉力检测。根据拉力传感器测得的动态拉力值大小及受到冲击前后的静态拉力值对比情况来判断防护网的破坏状态，并据此来确立预报模型与报警触发条件。根据不同型号防护网以及拦截滚石撞击能量大小的不同，设计了 30 kN，50 kN，150 kN，200kN 等多种量程的光纤光栅拉力传感器。其安装结构如图 7-9 所示。

图 7-8　光纤光栅拉力传感器

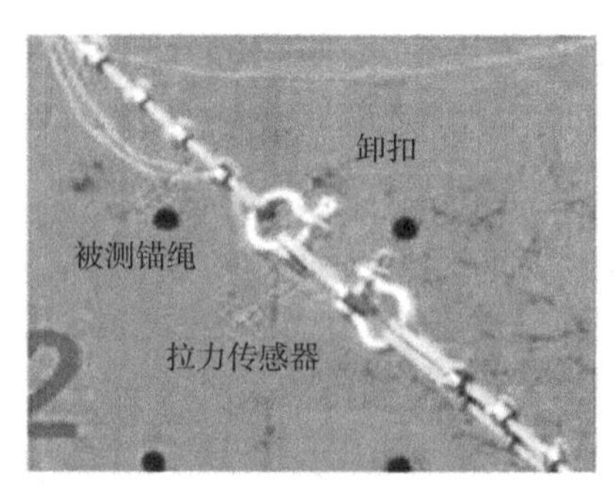

图 7-9 光纤光栅拉力传感器的安装

光纤光栅拉力传感器的主要技术参数见表 7-5。

表 7-5 光纤光栅拉力传感器技术参数

技术指标	量程	精度	弹性材料	光纤接头
数值	50～1 000 kN	0.5% FS	高强度不锈钢	FC/APC

7.4.2 边坡内部形变监测单元

光纤光栅边坡内部形变(或位移)监测采用传统的边坡内部形变测量方法,但与传统方法又有很多不同。其方法是在测斜管两侧粘贴两路光纤光栅组,光栅间隔、数量根据测量深度和精度设定,通常光栅间隔为 1 m。测量原理是利用光纤光栅测量的测斜管上的应变分布来重构测斜管的形变(或位移)。其安装示意图如图 7-10 所示。

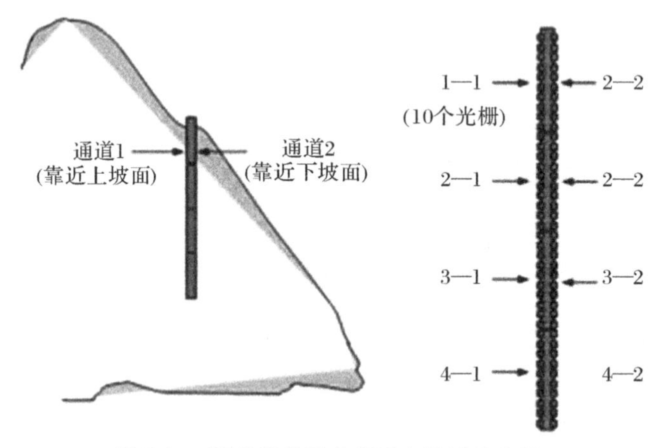

图 7-10 测斜管边坡内部形变监测示意图

GS-TM-CX-Ⅰ型光纤光栅测斜仪由一系列光纤光栅弯曲传感器与连

接管连接组成，在光纤光栅弯曲传感器圆周相隔180°方向上粘贴两个光纤光栅，通过两个光纤光栅测量的应变来感测弯曲变形，同时具有温度补偿功能。传感器与连接管之间的物理连接通过螺丝固定，信号连接通过单芯铠装光缆，如图7-11所示。光纤光栅弯曲传感器外形尺寸（外径、内径和长度等）、数量、间隔等，可根据具体使用情况而选定。

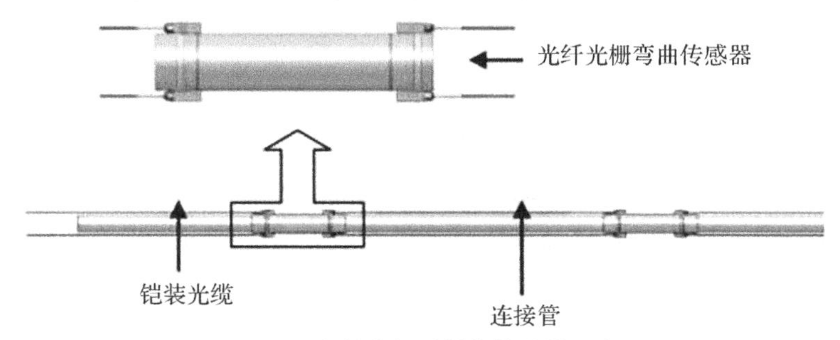

图7-11 光纤光栅测斜仪的连接示意图

GS-TM-CX-Ⅰ型光纤光栅测斜仪的主要技术参数见表7-6。

表7-6 光纤光栅测斜仪主要技术参数

技术指标	测量长度	量程	精度	分辨率	波长范围	波长间隔	测斜仪外径	各测点物理间隔
数值	10～1 000 m	10～1 000 mm	0.5%FS	0.1%FS	1 525～1 565/1 585nm 可选	2.5～3 nm	25/50/60/70 mm 可选	0.5/1/2 m 可选

7.4.3 光纤光栅测斜管安装

钻孔安装适用于岩土内部。钻孔后，即可安装测斜仪。安装时，先放入一节连接管，然后插入第一个光纤光栅弯曲传感器（有跳线接头的一端为末端），连接管插入传感器的中间位置，弯曲传感器与连接管之间采用螺丝固定；再插入另一节连接管，两节连接管要贴紧，再用螺丝固定，在连接管与传感器的缝隙中填入胶黏剂紧固，之后缓缓放入。接下来，安装第二个光纤光栅弯曲传感器，依此类推。安装情况如图7-12所示。在连接管和传感器连接处的缝隙中填充胶黏剂，进行紧固粘贴使其成为一体（该方法非常重要，否则会影响测量精度）。等测斜仪完全放入后，缓缓倒入泥浆或细沙，要求泥浆或细沙要填实,否则也会影响测量精度。测斜仪上粘贴的一对测量光栅的方向,应与测量位移或形变方向一致(见图 7-13)。

图 7-12 测斜仪在岩土内部安装情况

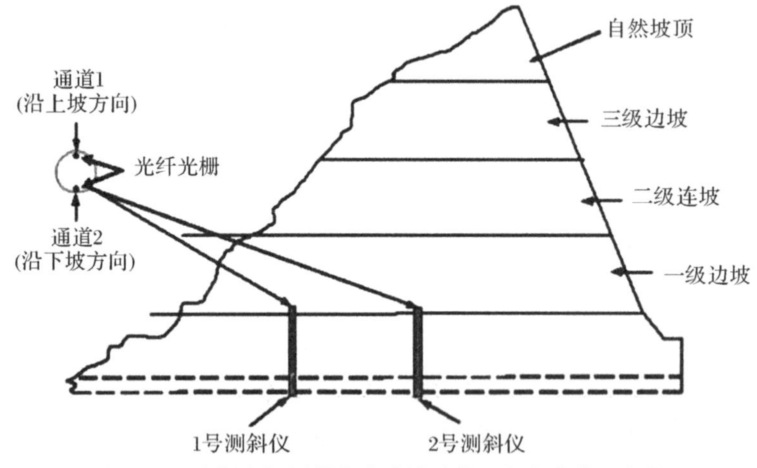

图 7-13 光纤光栅测斜仪在边坡防护工程上安装示意图

7.4.4 光纤光栅测斜软件

光纤光栅测斜软件是针对 GS-TM-CX-Ⅰ型光纤光栅测斜仪开发的专业分析软件。它根据光纤光栅解调仪监测的波长数据和测斜仪的结构参数,经过运算拟合得到位移和形变数据。软件界面如图 7-14 所示,该软件具有如下几方面的功能。

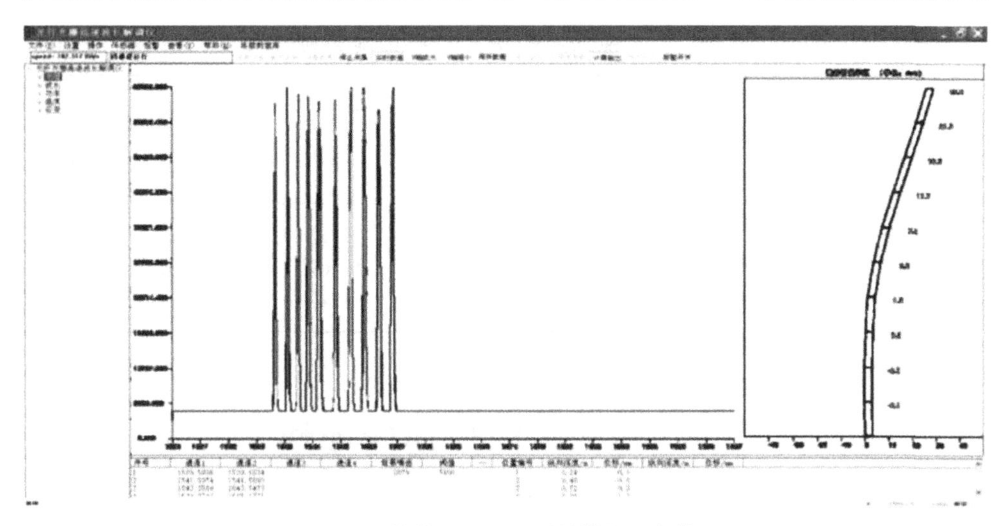

图 7-14　软件界面显示测量横向形变情况

(1)采集光纤光栅测斜仪的波长数据并显示输出。

(2)图形显示测斜仪光纤光栅光谱。

(3)图形显示测斜仪各测点的横向位移或形变。

(4)具有实时数据存储能力。

(5)提供声、光、电信号预警和报警功能。

7.5　视频监控功能模块

视频监控摄像头对监测范围实时监控。在出现落石等危害侵入物时，获取并保存现场的影像或视频数据，使得远程监控中心能及时根据报警信息确认危险及备查；同时提供控制接口，允许远程监控中心实现远程相机控制及视频实时显示。在方案设计中，可在坡体上方和坡体侧面分别布设监控点，对边坡和路面进行实时监控。视频监控单元选用高清网络摄像机，对监测范围进行全天候 24 小时监控，为险情判断提供直观的依据。视频监控的主要技术参数见表 7-7。

表 7-7 视频监控单元主要性能参数

技术指标	水平分辨率	光学变焦	最低照度	电子快门范围	辅助照明波长/照射距离	日夜模式	光圈数	接口	水平视角
数值	≥ 1 000 TVL	20 倍	0.01 Lux	1～1/30 000 s	905 nm 150 m	自动 ICR 彩转黑	F1.6～F3.5	RJ45	广角-望远

7.6 GNSS 同步功能模块

同步功能模块由一个同步控制授时单元和多个同步控制接收单元组成。控制授时单元为同步“基准”节拍产生器，它的时间基准信号来自于GPS、GLONASS、北斗接收机接收到的卫星信号。同步控制接收单元的时间基准来自于同步控制授时单元，由配合自身的高稳晶振在短周期内的时间频率保持输出得到一个稳定的周期性变化的唯一时间节拍(见图 7-15)。

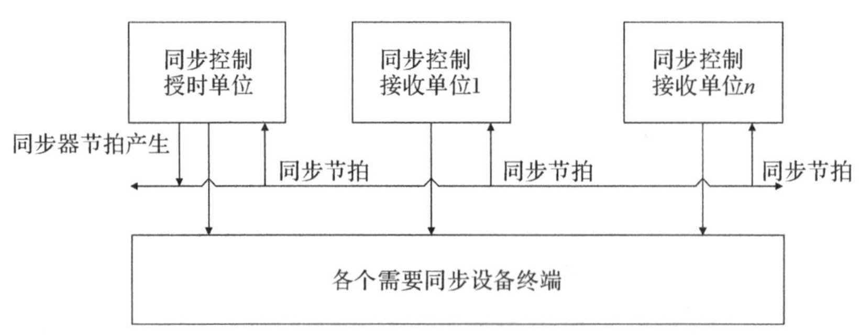

图 7-15 同步功能模块原理示意图

7.6.1 同步控制授时单元

同步控制授时单元使用 GNSS 接收机，采用 GPS、GLONASS、北斗接收天线，接收 GPS、GLONASS、北斗卫星授时信号，授时信息通过 RS422/485 发送给接收单元。主要技术参数见表 7-8。

表 7-8　接收天线主要技术指标

技术指标	频率范围	输入阻抗	极化方式	输出驻波比	天线单元增益	噪声系数	输入驻波比	增益平坦度	工作电压
数值	1 558～1 610 MHz	50 Ω	右旋圆极化(RHCP)	≤2.0	2 dBi	≤1.5 dB	≤1.5	±1 dB	3～5 VDC

7.6.2　同步控制接收单元

同步控制接收单元同时接收授时数据和同步脉冲信号，通过时钟同步算法的处理完成系统时间的同步，同步精度可达到 0.05 s。

7.7　现场监控中心

现场监控中心由数据存储单元、报警控制单元、保障单元等组成，安装在监测现场，监控各激光扫描监测功能模块的报警信号，存储监控摄像头的高清影像数据，根据报警信息控制各报警装置进行报警。本方案根据现场情况将现场控制中心布设在激光扫描监测功能模块同一侧。

7.7.1　数据存储单元

数据存储单元实时获取各功能模块的状态和报警信息，存储落石险情报警期间的激光扫描仪数据，并使用硬盘录像机存储视频影像数据。

7.7.2　报警控制单元

现场监控中心根据激光扫描监测功能模块的报警信息，在确定出现险情时以无线列调语音报警方式、报警灯报警方式、远程终端报警方式和短信报警方式向相关人员发出报警信息。在监测现场无有线网络的情况下，支持通过 4G/3G 无线网络进行报警。该单元采用多种报警手段相结合的方法，保证报警信息及时、准确的传递。

7.8 监控中心

监控中心由服务器与监控中心网络软件构成。其基本模块为现场监测数据实时显示模块、报表统计与打印模块、用户管理模块、现场设备参数设定模块、系统状态监测模块、报警信息显示模块、无线4G/3G通信模块等。

现场监测数据实时显示模块:在监控终端显示现场的实时情况。

报表统计与打印模块:记录系统的预警、报警信息等,并进行统计和打印。

用户管理模块:实现对用户的权限进行管理,并记录用户登录情况。

现场设备参数设定模块:实现对现场设备参数的远程设置,使系统的运行和维护更加方便快捷。

系统状态监测模块:监控系统状态,及时对损坏的设备提出检修警示,保证系统的正常运行。

报警信息显示模块:出现报警时,监控终端弹出报警信息并触发安装在监控中心的声光报警装置提醒值班人员。

无线4G/3G通信模块:通过无线4G/3G通信网络与现场控制中心进行通信,在无有线网络或有线网络异常的情况下启动。

7.9 结　　语

基于激光雷达技术、光纤光栅传感技术、视频监控技术和GNNS时间同步技术,构建了针对隐患较多的边坡路段进行智能监测和预报警的综合系统。该系统应用于广西百色田靖线K31+800 km处的路侧危险边坡的主动防御与被动监测,保障行车安全,减小灾害损失。本系统的系统功率小时0.45kW、系统断电续航大小3 h、报警时间小时10 s、漏报率0%、年误报率不大于20%、系统时间同步精度不大于0.05 s。本系统采用高度防护结构，机柜可防雨防尘、风冷散热；使用了精密调平装置，调整结构操作简便，调整精度可达 0.003°；其数据传输多样化，既可以利用路侧现有的光纤，也可使用无线信号；系统安装简便、易于维护、易扩展，不影响铁路原系统的正常工作；能够准确报警，能够有效排除行车、行人、动物的干扰；可全天候 24 小时不间断运行，不受极端恶劣天气的影响。

参考文献

[1] 陶梦梦,高天惠,姜从云,等.新型智慧城市建设背景下智能交通系统设计研究——以安徽省合肥市为例[J].哈尔滨学院学报,2019,40(5):37-40.

[2] 孙强.大数据及其在城市智能交通系统中的应用[J].门窗,2019(12):274.

[3] 张乐乐,王丽,肖小玲.我国智能交通系统的发展现状和趋势[J].电脑知识与技术,2021,17(3):247-249.

[4] 谢成.大数据下智能交通系统的发展综述[J].通讯世界,2019,26(7):187-188.

[5] 段培誉.城市智能交通系统发展现状预备未来趋势分析[J].通讯世界,2017(24):352.

[6] 叶润繁.城市智能交通系统的发展现状与趋势[J].计算机产品与流通,2017(9):126.

[7] 李力.浅谈智能交通运输系统[J].科学大众(科学教育),2019(8):170;197.

[8] 李文燕."工业 4.0"背景下智能交通技术课程教学的思考[J].大学教育,2020(1):90-92.

[9] 王伟才.计算机技术在智能交通系统中的应用研究[J].信息与电脑(理论版),2017(20):39-40.

[10] 吴疑.智能交通系统中的计算机视觉技术应用[J].南方农机,2017,48(9):87,95.

[11] 黄轩.计算机视觉在智能交通系统中的应用研究进展[J].科技展望,2016,26(9):7.

[12] 项园.公共治理视角下城市交通拥堵的治理研究[D].广州:暨南大学,2015.

[13] 温慧敏,全宇翔,孙建平.大数据时代城市智能交通系统发展方向[J].城市交通,2017,15(5):20-25.

［14］美日等国城市智能交通系统建设［J］．汽车与安全，2019（11）：46-48.

［15］魏春璐．智能交通管理系统现状与发展趋势分析［J］．警学研究，2018（6）：111-114.

［16］洪中荣．浅析我国智能交通系统发展现状与前景［J］．科学技术创新，2019（14）：124-125.

［17］杨博文．智能交通系统的研究现状及发展趋势分析［J］．中国设备工程，2019（2）：121-122.

［18］李喆，王平莎，张春辉等，国内智慧交通总体架构建设模式分析［J］．交通节能与环保，2014（12）：85.

［19］周继洋．智能化引领交通革命［J］．中国建设信息，2014（17）：16-19.

［20］陈艾卉．秦皇岛市智慧交通发展研究［D］．天津：天津工业大学，2016.

［21］徐建明．智慧交通在智慧城市建设中的创新应用与发展趋势［J］．中国安防，2018（6）：58-64.

［22］李雨宣，周桐．我国智能交通发展之思考［J］．科技展望，2016，26（28）：310.

［23］AGUSTSSON E. TIMOFTE R. Ntire 2017 Challenge on Single image Super-resolution：Dataset and Study［C］//IEEE Conf Comput Vis Pattern Recognit Workshops（CVPRW），2017：1122-1131.

［24］AMMOUR N，ALHICHRI H，BAZI Y，et al. Deep Learning Approach for Car Detection in UAV Imagery［J］. Remote Sens，2017，9（4）：312.

［25］BAI Y，ZHANG Y，DING M，et al. SOD-MTGAN：Small object detection via multi-task generative adversarial network［J］. Eur Conf Comput Vis，2018：210-226.

［26］DAI J，LI Y，HE K，et al，R-FCN：Object Detection Via Region Based Fully Convolutional Networks［C］// Proc 30th Int Conf Neural Inf Process Syst，2016：379-387.

［27］DONG C，LOY C C，HE K，et al. Image Super-resolution Using Deep Convolutional Networks［J］. IEEE Trans Pattern Anal Mach Intell，2015，38（2）：295-307.

［28］ELMIKATY M，STATHAKI T. Detection of Cars in High-resolution Aerial Images of Complex Urban Environments［J］. IEEE Trans Geosci Remote Sens，2016，55（10）：5913-5924.

[29] GIRSHICK R. Fast R-CNN[J]. Proc IEEE Int Conf Comput Vis,2015:1440-1448.

[30] GIRSHICK R,DONAHUE J,DARRELL T,et al. Rich Feature Hierarchies for Accurate Object Detection and Semantic Segmentation[J]. Proc IEEE Conf Comput Vis Pattern Recognit,2014(6):580-587.

[31] LEDIG C. Photo-realistic Single Image Super-resolution Using a Aenerative Adversarial Network[J]. Proc IEEE Conf Comput Vis Pattern Recognit, 2017(7):105-114.

[32] LIM B,SON S,KIM H,et al. Enhanced Deep Residual Networks for Single Image Super-resolution[J]. Proc IEEE Conf Comput Vis Pattern Recognit Workshops,2017(7):1132-1140.

[33] LIN T Y. Microsoft COCO:Common Objects in Context[J]. Proc Eur Conf Comput Vis,2014(3):740-755.

[34] LIU K,MATTYUS G. Fast Multiclass Vehicle Detection on Aerial Images [J]. IEEE Geosci Remote Sens Lett,2012(9):1938-1942.

[35] LIU W. SSD:Single Shot Multibox Detector[J]. Proc Eur Conf Comput Vis, 2016(3):21-37.

[36] MORANDUZZO T,MELGANI F. Detecting Cars in UAV Images With a Catalog-based Approach[J]. IEEE Trans Geosci Remote Sens,2014,52(10): 6356-6367.

[37] REN S, HE K, GIRSHICK R, et al. Faster R-CNN: Towards Real-time Object Detection with Region Proposal Networks[J]. IEEE Trans Pattern Anal Mach. Intell,2017,39(6):1137-1149.

[38] RUSSAKOVSKY O. ImageNet Large Scale Visual Recognition Challenge [J]. Int J Comput Vis,2015,115(3):211-252.

[39] TAYARA H,SOO K G,CHONG K T. Vehicle Detection and Counting in High-resolution Aerial Images Using Convolutional Regression Neural Network[J]. IEEE Access,2018(6):2220-2230.

[40] YUAN Y,LIU S,ZHANG J,et al. Unsupervised Image Super-resolution Using Cycle-in-cycle Generative Adversarial Networks[J]. IEEE/CVF Conf Comput Vis Pattern Recognit Workshops,2018(6):814.

[41] ZHONG J,LEI T,YAO G. Robust Vehicle Detection in Aerial Images Based on Cascaded Convolutional Neural Networks [J]. Sensors, 2017, 17 (12):2720.

[42] ZHUH,CHEN X,DAI W,et al. Orientation Robust Object Detection in Aerial Images Using Deep Convolutional Neural Network[J]. Proc IEEE Int Conf Image Process,2015(9):3735-3739.

[43] AMMOUR N, ALHICHRI H, BAZI Y[J]. Deep Learning Approach for Car Detection in UAV Imagery[J]. Remote Sens,2017,9(4):312.

[44] AUDEBERT N, LE SAUX B, LEFÈVRE S. Segment-Before-Detect:Vehicle Detection And Classification Through Semantic Segmentation Of Aerial Images[J]. Remote Sens,2017,9(4):368.

[45] CHEN Z. Vehicle Detection In High-resolution Aerial Images Based on Fast Sparse Representation Classification And Multiorder Feature [J]. IEEE Trans Intell Transp Syst, 2016,17(8):2296-2309.

[46] DENGZ,SUN H,ZHOU S. Toward Fast and Accurate Vehicle Detection in Aerial Images Using Coupled Region-based Convolutional Neural Networks[J]. IEEE J Sel Topics Appl Earth Observ Remote Sens, 2017,10(8):3652-3664.

[47] EL-MIKATY M, STATHAKIT. Detection of Cars in High-resolution Aerial Images of Complex Urban Environments[J]. IEEE Trans Geosci Remote Sens, 2017,55(10):5913-5924.

[48] GIRSHICKR. Fast R-CNN[J]. Proc IEEE Int Conf Comput Vis,2015(12):1440-1448.

[49] GIRSHICK R, DONAHUE J, DARRELLT. Rich Feature Hierarchies for Accurate Object Detection and Semantic Segmentation[J]. Proc IEEE Conf Comput Vis Pattern Recognit,2014(6):580-587.

[50] HE K,ZHANG X,RENS,et al. Deep Residual Learning for Image Recognition[J]. Proc IEEE Conf Comput Vis Pattern Recognit,2016(6):770-778.

[51] LEITLOFF J, HINZ S, STILLAU. Vehicle Detection In Very High Resolution Satellite Images of City Areas[J]. IEEE Trans Geosci Remote Sens, 2010,48(7):2795-2806.

[52] LI Y,ZHANG H,XUE X,et al. Deep Learning for Remote Sensing Image

Classification:A Survey[J]. Wiley Interdiscipl Rev Data Mining Knowl Discovery,2018,8(6):1264.

[53] LIN T Y, DOLLAR P, GIRSHICK RB, et al. Feature Pyramid Networks for Object Detection[J]. Proc CVPR,2017, 1(7):2117-2125.

[54] LIU K, MATTYUS G. Fast Multiclass Vehicle Detection on Aerial Images [J]. IEEE Geosci Remote Sens Lett,2015,12(9):1938-1942.

[55] MORANDUZZO T, MELGANI F. Automatic Car Counting Method for Unmanned Aerial Vehicle Images[J]. IEEE Trans Geosci Remote Sens, 2014, 52(3):1635-1647.

[56] MORANDUZZO T, MELGANI F. Detecting Cars in UAV Images with a Catalog-Based Approach[J]. IEEE Trans Geosci Remote Sens, 2014, 52 (10):6356-6367.

[57] PAOLETTI M E, HAUT J M, PLAZA J, et al. A New Deep Convolutional Neural Network for Fast Hyperspectral Image Classification[J]. ISPRS J Photogram Remote Sens,2018,145(11):120-147.

[58] RAZAKARIVONY S, JURIEF. Vehicle Detection in Aerial Imagery: A Small Target Detection Benchmark[J]. J Vis Commun Image Represent, 2016, 34(1):187-203.

[59] REN S, HE K, GIRSHICKR, et al. Faster R-CNN: Towards Real-time Object Detection with Region Proposal Networks[J]. IEEE Trans Pattern Anal Mach Intell,2017,6(6):1137-1149.

[60] ROTTENSTEINERF. The ISPRS Benchmark on Urban Object Classification and 3D Building Reconstruction[J]. ISPRS Ann Photogramm Remote Sensing Spatial Inf Sci,2012,1(3):293-298.

[61] SHAO W, YANG W, LIUG, et al. Car Detection from Highresolution Aerial Imagery Using Multiple Features[J]. Proc IEEE Int Geosci Remote Sens Symp. 2012(7):4379-4382.

[62] TANG T, ZHOU S, DENG Z, et al. Vehicle Detection in Aerial Images based on Region Convolutional Neural Networks and Hard Negative Example Mining[J]. Sensors,2017,17(2):336.

[63] TAYARA H, SOO K G, CHONG K T. Vehicle Detection and Counting in

High-Resolution Aerial Images Using Convolutional Regression Neural Network[J]. IEEE Access,2018,6:2220-2230.

[64] XIAO Z,GONG Y, LONG Y,et al. Airport Detection based on a Multiscale Fusion Feature for Optical Remote Sensing Images[J]. IEEE Geosci Remote Sens Lett,2017,14(9):1469-1473.

[65] ZHONG J,LEI T, YAO G. Robust Vehicle Detection in Aerial Images based on Cascaded Convolutional Neural Networks[J]. Sensors,2017,17(2):2720.

[66] 李小荣,戚静,杨远祥.城市中心区停车规划研究[J].城市道桥与防洪,2009(8):183.

[67] 周继洋.智能化引领交通革命[J].中国建设信息,2014(17):16-19.

[68] MICHAEL B,ADRIAN F,TOBIAS V,et al. Video Based Intelligent Transportation Systems - state of the Art and Future Development[J]. Transportation Research Procedia 2016(14):4495 - 4504.

[69] 徐魁.国内城市智慧交通发展探讨[J].交通工程,2017(1):71.

[70] 邓玉勇,李璨,刘洋.我国城市智慧交通体系发展研究[J].城市,2015(11):68-69.

[71] 羡晨阳,金纬.国内外智慧交通发展的经验借鉴[J].物流工程与管理,2017(1):83.

[72] 李喆,王平涉,张春辉,等.国肉智慧交通总体架构建设模式分析[J].交通节能与环保,2014(2):85-88.

[73] 杨建军,郭乃林,韩晓明.运输问题时间优化算法[J].中国管理科学,1999(4):22-25.

[74] JIANG Z Y,YU S P,ZHOU M D,et al. Model Study for Intelligent Transportation System with Big Data[J]. Procedia Computer Science 2017,107:418-426.

[75] 赵特伟.试验数据的整理与分析[M].北京:中国铁道出版社,1981.

[76] ZHAO T,NEVATIA R. Car Detection in Low Resolution Aerial Image [C]//Proceedings of the 8th International Conference on Computer Vision (ICCV 2001). Vancouver,Canada:IEEE,2001,1:710-717.

[77] HINZ S. Detection and Counting of Cars in Aerial Images[C]//Proceedings of the 2003 IEEE International Conference on Image Processing Process.

Washington,DC,USA:IEEE,2003,3:997-1000.

[78] 郑泽忠．基于高分辨率航空影像高速公路汽车目标检测算法研究[D]. 成都：西南交通大学,2010.

[79] DALAL N,TRIGGS B. Histograms of Oriented Gradients for Human Detection[C]//Proceedings of the 2005 IEEE Computer Society Conference on Computer Vision and Pattern Recognition(CVPR'05). San Diego, CA, USA:IEEE,2005,1:886-893.

[80] OJALA T,PIETIKÄINEN M,HARWOOD D. Performance Evaluation of Texture Measures with Classification Based on Kullback Discrimination of Distributions[C]//Proceedings of the 12th IAPR International Conference on Pattern Recognition(ICPR 1994). Jerusalem, Israel: IEEE, 1994, 1: 582-585.

[81] OJALA T,PIETIKÄINEN M,HARWOOD D. A Comparative Studyof Texture Measures with Classificationbased on Feature Distributions[J]. Pattern Recognition,1996,29:51-59.

[82] BAY H,TUYTELAARS T,VAN GOOL L. Speeded-up Robust Features (SURF)[J]. Computer Visionand Understanding,2008,110(3):346-359.

[83] SIMONYAN K,ZISSERMAN A. Very Deep Convolutional Networks for Large-scale Image Recognition[EB/OL]. [2015-04-10]. http://arxiv. org/abs/1409. 1556.

[84] HE K,ZHANG X,REN S Q,et al. Deep Residual Learning for Image Recognition[C]//2016 IEEE Conference on Computer Vision and Pattern Recognition(CVPR). LasVegas,NV,USA:IEEE,2016:770-778.

[85] HUANG G,LIU Z,Van der MAATEN L,et al. Densely Connected Convolutional Networks[C]//Proceedings of the 2017 IEEE Conference on Computer Vision and Pattern Recognition (CVPR). Honolulu,HI,USA:IEEE,2017:2261-2269.

[86] GIRSHICK R,DONAHUE J,DARRELL T. Rich Feature Hierarchies for Accurate Object Detection and Semantic Segmentation[C]//Proceedings of the 2014 IEEE Conference on Computer Vision and Pattern Recognition (CVPR). Columbus,OH,USA:IEEE,2014.

[87] GIRSHICK R. Fast R-CNN[C]//Proceedings of the 2015 IEEE International Conference on Computer Vi-sion(ICCV). Santiago, Chile: IEEE, 2015: 1440-1448.

[88] REN S, HE K, GIRSHICK R, et al. Faster R-CNN: Towards Real-time Object Detection with Region Proposalnetworks[J]. IEEE Transactions on Pattern Analysis and Machine Intelligence, 2017, 39(6): 1137-1149.

[89] GIDARIS S, KOMODAKIS N. Locnet: Improving Localization Accuracy for Object Detection[C]//Proceedings of the 2016 IEEE Conference on Computer Vision and Pattern Recognition(CVPR). Las Vegas, NV, USA: IEEE, 2016: 789-798.

[90] ELMIKATY M, STATHAKI T. Detection of Cars in High-resolution Aerial Images of Complex Urban Environments[J]. IEEE Transactions on Geoscience and Remote Sensing, 2017, 55(10): 5913-5924.

[91] ELMIKATY M, STATHAKI T. Car Detection in Aerial Images of Dense Urban Areas[J]. IEEE Transactionson Aerospace and Electronic Systems, 2018, 54(1): 51-63.

[92] GIRSHICK R. Fast R-CNN[C]//Proceedings of the 2015 IEEE International Conference on Computer Vi-sion(ICCV). Santiago, Chile: IEEE, 2015: 1440-1448.

[93] REN S, HE K, GIRSHICK R, et al. Faster R-CNN: Towards Real- time Object Detection with Region Proposalnetworks[J]. IEEE Transactions on Pattern Analysis and Machine Intelligence, 2017, 39(6): 1137-1149.

[94] REDMON J, FARHADI A. Yolo9000: Better, Faster, Stronger[C]//Proceedings of the Computer Vision andPattern Recognition(CVPR). Honolulu, HI, USA: IEEE, 2017: 6517-6525.

[95] 尹宏鹏,陈波,柴毅,等.基于视觉的目标检测与跟踪综述[J].自动化学报,2016,42(10):1466-1489.

[96] 毕航权.基于多系统 PPP 的边坡监测技术研究[D].南京:南京理工大学,2017.

[97] 王水生.高危岩质边坡综合支护设计研究[J].山西建筑,2015(4):80-82.

[98] 盛家兴.基于物联网的公路边坡监控预警系统设计与实现[D].南宁:广西大

学,2016 .

[99] 丁文霞 . K16＋360-K16＋555 处高边坡监控及锚索防护[J]. 电子测试,2015(16):149-150.

[100] LATO M J,HUTCHINSON D J,GAUTHIER D,et al. Comparison of Airborne Laser Scanning,Terrestriallaser Scanning,and Terrestrial Photogrammetry for Mapping Differential Slope Change in Mountainous Terrain[J]. Can Geotech J,2015,52:129-140.

[101] LUO L H,MA W,ZHANG Z Q,et al. Freeze/Thaw-Induced Deformation Monitoring and Assessment of Theslope in Permafrost based on Terrestrial Laser Scanner and GNSS[J]. Remote Sensing,2017,9(3):1-20.